アカシックリーディング4

リーディングが開く
21世紀の扉

Makoto Asano
浅野 信

たま出版

まえがき

新時代が、始まりました！

二十一世紀です。

リーディングの元祖エドガー・ケイシー、アメリカの師匠ポール・ソロモン、そして父親春三と師の遺志を継いで始められたヨハネ・ペヌエル（浅野信）のリーディング、それらは一貫して同一メッセージを告げてきています。すなわち、「二〇〇一年春に、人類は新サイクルの夜明けを迎えることとなるであろう」と。

その時がついにやって来ました。しかも現実にその動きが生起してくるのは、夏以降になると思われます。

今回は幕開けに相応しく、現実社会に生きる人たちが日頃どう思い、暮らしているか、また何を知りたいのか、ということにターゲットを絞りました。そのために、一般の約五十名に及ぶ方々から、質問をお寄せいただき、それにトランス状態でお応えすることとなりました。共同創作です。

分野は、新世紀の政治・経済、家庭・生活、教育・福祉、医療・科学、地球環境、信仰にまで渡っています。時間軸は、二十一世紀にとどまらず、これからの三百年に拡がりつつも、今後二、三年から五年十年に鋭く切り込まれた示唆が提供されました。

そして千年紀の地球ビジョンと全人類への地図です。

次サイクルの岩戸開きとなったヨハネリーディングならではの業《わざ》でした。

どうぞ心ゆくまで存分にご堪能ください。

みなさまの今後の希望指針となれば幸いです。

さあ、Ready! Go!

著者記す

リーディングが開く21世紀の扉／目　次

†序章
新世紀の開幕

前世紀からの課題と宿題

質問：二十世紀から持ち越されている課題・特徴と近未来予測、留意点、二十一世紀以降の展望と方向についてお示し下さい。

ソース：心待ちにしていた二十一世紀がやってきました。はたして新世紀はどのような時代になるのでしょう。皆《みな》、気になるところです。そこでまず、この章ではこれまでの二十世紀を概観《がいかん》しつつ振り返り、それらを踏まえて二十一世紀の留意点と展望、そして方向を見ていくことにします。

さて、世紀が改まったからといって、何もかもただそれだけでいっぺんに事改《ことあら》たまるというわけではありません。むしろ、前世紀から持ち越している課題と宿題とが目の前にいっぱい積まれているのが二十一世紀に入った現時点での状況です。実情です。その辺《あた》りから見てみましょう。

それらの中で何といっても地球環境問題がやはり大きいと言えます。ではなぜ地球の自然破壊がなされてしまったのか、というところを見ていきますと、社会体制に問題や欠陥があったということが分かります。その中での技術の悪用、あるいは使い過ぎ、行き過ぎということもありました。そしてその元《もと》になっている科学に何か欠陥があったということが判明してきます。さらにそのような社会体制に乗った人々の生活様式や生き方に行き過ぎや問題があったということです。そしてそのような生き方をとってしまった基にある、人間の心に何か重要な見落としや欠陥があったのではないか、というところにまで行き着きます。

そして心の問題ということになってきた時、教育や宗教、倫理、道徳、あるいは思想や主義、ということについての見直しがなされねばならないということが見えてきます。それは要するに人間の考え方や捉え方、価値観、そして生き甲斐、幸せ観、さらには人生目的、ということに関わってくる根本問題になります。そこまで見ていきませんと、ただ地球環境問題について論議したり検討するだけでは不毛な議論に終わりかねません。それと大事なことは、人間本位で考えてはならないということです。他の生き物達もいるのです。それゆえ、人間だけが生き残るためにということであってはなりません。自分達人間側も生きる上で不都合になってきて、支障を来たすようになってきたから慌てて自然保護とか地球を守るということを言っても、それはどこか独善的《どくぜんてき》で、これまでの人間中心主義の延長に過ぎず、抜本的《ばっぽんてき》な改革は見込めません。

地球環境問題と関連することとして、「環境病」とでも言ってよいような問題が発生してきています。二十世紀に猛威《もうい》を振るった人類の病は、二つあります。癌《がん》とエイズです。それらに加えてアレルギー性疾患《しっかん》であるアトピーや花粉症、そして環境病としては、酸素が減り二酸化炭素が増えてしまったために空気が汚れ、特に肺癌などが増加してきています。また、フロンガスの使用に基づくオゾン層の破壊による疾病として、皮膚癌、喘息《ぜんそく》、白内障《はくないしょう》、そして免疫力の機能低下などが挙《あ》げられます。

さらにそれらが、例えば今の子ども達はあまり外で遊んだり運動したりせず、部屋に引きこもってゲームなどにうち興じたり、あまり体を動かして遊んだりはしゃいだりしなくなり、それが現実と幻想との見分けがつかない、ヴァーチャルの危機と相《あい》まって、心に退廃的《たいはいてき》なものをもたらしています。加えて親がきちんとした教育を子どもの時や若い時に受けないままに大人になり、結婚し、子どもを産んで親になったために、十分に子どもを思いやりを持って見られなくなってきているので、家庭にまず育児の面で問題が出てきています。そしてそのような親に育てられた子どもが思春期に入り、様々な事件を引き起こしてきているのです。

非常に悪辣《あくらつ》な行為が増えてきています。犯罪の多発です。今後ともそれは続くことでしょう。むしろエスカレートすることでしょう。犯罪ということでなくても、犯罪すれすれの行為が増えてきていることは見落とせません。犯罪は表立って取り沙汰《ざた》されますが、実は一般の人達の多くが、犯罪そのものには法的にならないけれども、非常に心無い行為をし始めてきているのです。

現代の日本は主にアメリカの風潮を受けて、非常に個人主義に陥《おちい》り、非常に衝動的、勝手で、自由と独立を好み、相手のこと、或るグループや団体、もしくは家庭という共同の場を軽んじ、時に社会に迷惑をかけ、協調性のない、勝手気ままな人達が増えてきているのです。他に対する思いやりとか配慮というのがなくなってきています。倫理観が見られなくなってきているのです。宗教や道徳が空洞化《くうどうか》してきています。その一方で非常に問題のある宗教や精神運動も増えてきています。それがまた一般の人達の宗教離れを引き起こしているという悪循環が見られます。

もちろん中には良心的な宗教や精神運動、活動もあることでしょう。しかし、問題をはらんでいる動きの方が目立つもので、良い動きは大抵地味で、あまり目立たないようになされているので気付かれにくいのです。そのために宗教や精神活動全般は問題あるものが一つ二つ三つ出てくると、いっしょくたにみなされ、全てそのような世界は好ましくない、ということで、大勢は再び唯物的《ゆいぶつてき》な資本主義体制の線で暴走して止《や》みません。

現代の人達の特徴は、唯物的で自分や自分と関わりのある人だけのことしか考えられないというところにあります。要するに社会性が足りなくなってきているのです。そして心に関する良識とか愛、思いやり、配慮、労わりとか、行動を正すということが足りなくなってきています。皆、物欲に走り、資本主義体制の下《もと》、消費社会を造《つく》り出してしまったのです。一人で生きられる物質やエネルギーの消費量が十だとしますと、五十も百も、あるいはそれ以上も使っており、それに対して平気でいるのです。食べたり使ったりした物は全部後は捨てても顧《かえり》みず、非常に粗末《そまつ》に扱います。二十一世紀以降必要なことは一人一人が消費したり所有する物質、あるいは使うものをほどほどにし、慎ましやかに暮らすという方向です。そうしないと人類も地球も滅びるでしょう。

いろいろ環境問題について言われてきていますが、大事なことは、一人一人ができることを実行するということなのです。急に生活を改めるということは困難なことでしょう。自分の中で抵抗や反動が起きてきてしまうからです。急に一変させよとは言いません。それでも一人一人がこのようなことに気付いたならば、ただ論議したり提言《ていげん》したり、あるいはそれに対して知らぬ振りをして同じ生活を続けるということでなくて、身の回りで、少しでもいいから、これまで三十のエネルギーや物質を消費していたとしたらば、まずは二十五や二十に控えるとかです。それが難しい場合はせめて三十に対して二十八とか二十七にしてみるとよいのです。そしてだんだん自分がそれに慣れてきたらば、今度は二十五を目指すのです。

これまでの自分の消費エネルギーが三十だとして、それをいきなり十にせよとは言いません。人間は習慣の生き物だからです。三日坊主よりも、不徹底でもいいからある程度無理なく持続していく方が結局は効果的です。それゆえ、一人一人がこれまでのエネルギーの消費量が三十だとしたら、まずは二十八ぐらいにしてほしいのです。そして周りに対してこのようなことに気付いたら、その模範となるような暮らし方を示していくことです。今後、自然との共存ということがとても必要になってきます。

同時に一方で、政策の面でも、例えば森林を伐採《ばっさい》するということをできるだけ減らすとかも必要です。例えば中米のアマゾンで切られる木の伐採量を減らすとか、などです。もちろん他の地域に於《お》いてもです。これもいきなりゼロにせよとは言いません。それは現実的に無理があるからです。それでも諦《あきら》めずに少しでも対策を講《こう》じて木を減らすのを控えるというふうにするのです。ある程度国際的な機構《きこう》や組織がそれを理解して、実行に移すことも必要になってきます。しかし基本は一人一人が自分の生活の中で、このようなことを留意して、できる範囲で少しずつでも実行に移すということ、そしてそのような小さな実行を軽んじないことです。

これからは本当に周りに模範を示す生き方ということが必要になってきます。あるいは食べる分量も腹八分目《はらはちぶんめ》とし、今まで三十の分量を食べていたとしたら、まず二十八に控えるとかです。そして食べ残しをいきなり捨てずに、その日のうちに残りを食べるとかして、できるだけ食べ物を捨てるということを止めます。これもできる範囲で一人一人が実行に移すことです。「そんなことをしても微々《びび》たるもので何にもならない」と言わないでください。まずそのような精神が大事だし、そして実際の効力としても、塵《ちり》も積れば山となるで、選挙の投票も一票ずつしか入れられませんが、けれどそれが集まって全体の票となり、結果を出すのです。単位はやはり一人一人《ひとりひとり》です。一人一人が自分の生活環境と職場環境の中でできることから実行することです。

このように自然との共存というのが大事です。一方ではそればかりでなく、新しい自然に根ざしたエネルギーを開発し、少しずつ原子力エネルギーや電気エネルギーと切り替えていくことです。もちろん自動車とか電車とか飛行機なども、自然のエネルギー、空気を汚さない、酸素を使って炭酸ガスを吐き出して空気を汚して、地球を痛めるようなものでないエネルギーに切り替えていくことが必要です。これを今後四、五年のうちに行いませんと大変なことになります。人類も地球も滅びかねません。命取りになります。今後四、五年の間にこれが何としても必要なことです。

二十世紀の積み残しの課題が、二十世紀末に現《あら》われずに、むしろ二十一世紀の初頭に現われ出てきている、ということです。二十一世紀はまずは二十世紀の宿題を解決することから始まります。そしてそれはこのようなことに気づいた各自が模範的な考え方や生き方、行動をとることによってです。

霊の世界との共存、ということも必要になってきます。死後の世界や前世があること、人は肉体だけの存在ではなく、心や魂があり、さらには霊もあって、生命は永遠であること。神《かみ》や仏《ほとけ》もやはりおられること。そのようなことに気付き、気付くばかりでなくそれを生活に応用していくことが必要です。ただしここで、宗教や精神運動ということの現状に直面させられます。今後は、お互いに尊《とうと》び受入れ合い、認め合い、時には協力し合って、全体が成立っていくような協調性や社会性、また謙虚《けんきょ》さやバランス、ということが精神的な領域に於いては特に必要になってくるのです。

内《うち》なる良心を目覚めさせ、思いやりにより、他者への配慮や利他的《りたてき》な愛を実行できるように、そして仕事を使命とし、喜びと感謝を持って自分を発揮して社会に貢献しながら霊的に成長、進化していくということです。この世の生活の面では自粛《じしゅく》やまた利己愛《りこあい》の規制、例えば食べる物やエネルギー消費量を、今までの八十五%にするところから実行に移すなどです。そして精神的、内面的なことに関しては良心を目覚めさせ、思いやりを持って利他的な愛に努《つと》めながら、魂の成長と浄化《じょうか》を心がけるということ。そのようなことで周りに模範を示していくことが大事です。

やはりアメリカの影響を受けて、物や自然に手を合わせたり、それらを拝《おが》むということが足りなくなってきているのです。そのような資本主義体制の旗印《きじるし》となったアメリカの生き方に、変更を迫られるようになるのが二十一世紀初頭です。日本は独自のものを今後作り上げていくことが必要です。そしてそれを実行に移し、模範を示していくのです。

ソビエトに続き、中国も自由主義化することでしょう。それが今後三、四年の間に起きる事です。すでに或る気功《きこう》集団の暴動が始まり出しています。それは予兆《よちょう》です。それで留《とど》まることはないでしょう。むしろそれが口火《くちび》となり、中国は二転三転を重ね、今後二、三年の内に自由主義化するでしょう。ただし、中国に応じた資本主義体制になります。しかし一方、資本主義体制の方にも問題があることはすでに述べました。今後は双方《そうほう》の、つまり社会主義体制と資本主義体制の双方が、各々自分の課題や限界を見て、それらを統合した本来のあり方や制度を創り出し、施行していくことが求められるようになります。

環境病に対する対策も必要になります。エイズを始め、現代の深刻な病で多数の死者が出ることでしょう。すでにそのようになってきています。早く手を打たないといけません。それは日本に及ぶこともないとは言えません。

進化のパラダイム「ONE」

二十一世紀の考え方や捉《とら》え方の基本は「ONE」ということです。ONEという言い方をしなくてもよいのですが、要するに内容的にONEを目指すのが鍵です。弁証法《べんしょうほう》のことも言えます。正《せい》に対する反《はん》、その両者を乗り越えて、止揚《しよう》、アウフヘーヴェンした「合《ごう》」です。いわゆる「テーゼ」→「アンチテーゼ」→「ジンテーゼ」です。このジンテーゼがONEです。相反《あいはん》し、対立する二者を止揚、進化させ、統合包括した本来のあり方です。これがあらゆる分野、方面で実行されることが肝要《かんよう》です。ONEとは、個々を生かすことで全体を成り立たせる進化のパラダイムです。このように弁証法的進化を遂《と》げてあらゆる分野が生まれ変わり、二十一世紀以降を素晴らしい時代とせしめていくこととなるのです。二者間の対立を克服、解消し、脱皮とメタモルフォーゼ（変態）を遂げながら大きく成長していく手続きは、愛の進化の道行《みちゆき》です。

各自、できるところから実行していきましょう。

†第一章

新世紀の政治・経済

霊・魂・体を認めるＯＮＥの政治形態

質問：二十一世紀に於ける新しい政治の特徴とあり方、留意点と方向についてお示しください。

ソース：政治の分野に於いてもＯＮＥということを適用、応用するとよいのです。与党がテーゼなら野党はアンチテーゼです。「与党か野党か」ではなくて、「与党も野党も」ということです。“or”ではなく“and”です。英語で言えば。ただしこの場合、妥協点がＯＮＥという合―ジンテーゼ―であるわけではありません。あくまで両者を止揚《しよう》―アウフヘーヴェン―した地点がＯＮＥです。両者の課題や限界を見据《みす》えつつ、しかも両者の良いところを併《あわ》せ持つ、より完全な形態がＯＮＥであるはずだからです。そのような中で体制も進化していきます。その方向でお互いに誠意をもって関わり合うのです。

人は肉体だけの存在ではなく、心や魂があり、さらに霊もある、と言いました。さらにその各々《おのおの》に、つまり体《たい》にも魂《こん》にも霊《れい》にも個人性ばかりでなく社会性があるということです。これまでの社会主義や共産主義体制は、体《たい》の次元だけしか見ず、心とその自由、あるいは霊に関する宗教等を考慮に入れませんでした。そして社会性の方しか見ず、個人性を認めませんでした。それは本来のあり方ではありません。

そのためにソビエト連邦も潰《つぶ》れるしかなかったのです。そしてロシアとして新生《しんせい》を遂げました。ケイシーがリーディングの中で予言した通りです。それに続いて中国も生まれ変わることでしょう。しかしソビエトの時よりもやや手間取り、苦しみ喘《あえ》ぎながら多数の犠牲者を出して、その産みの苦しみを通過していくこととなりそうです。それが今後の三、四年に起きるであろう事です。やはり社会主義や共産主義体制には限界があったので、潰れるしかないのです。

では資本主義体制は完全で理想のあり方かといいますと、とてもそんなことはありません。資本主義体制は、非常に唯物的で、心の自由とか心を認めると言いながら、どこかで物の虜《とりこ》になり、心が枯《か》れてきています。そして非常に自分勝手で、社会に迷惑を及ぼす、時には危害を加える、というように、社会性の著《いちじる》しい欠如《けつじょ》が特徴です。他や社会に迷惑をかけても一向に平気でいる、そのようにひどく個人主義的なのです。そしてどこかで心に偏《かたよ》っていて、勝手気ままです。自分の独立と自由を大切にし、他から束縛されたり指示されたり、また他と協調して働いたりすることを嫌います。アメリカのホームレスピープルはその一つの象徴です。規制されたくないのです。しかしそれもまた行き過ぎです。

一方では非常に皆贅沢《ぜいたく》で、我侭《わがまま》になってきて、物を使いたい放題使い、食べたいだけ食べ、そして後は捨てる。そして地球を壊してきているのです。それが資本主義のやり方でした。それは科学技術のベースになる考え方や基礎理論によるし、さらにそれは宗教と信条に基盤があります。とりわけ、砂漠の宗教としてのユダヤ教、キリスト教、イスラム教の発想からきているのです。これからは物や自然にも命や魂がある、ということで、優しい心を持って自然や物に接したり関わること、自粛することが必要になってくるのです。

政治もそのような方向で人間の霊、魂、体をそれぞれ認め、各々の個人性と社会性―つまり実存性《じつぞんせい》と普遍性《ふへんせい》―の双方をバランスよく配合し、各々を保障してあげられるような政治形態が必要になってきます。資本主義の行き過ぎ、また社会主義の抑圧、そのような限界を見据《みす》えつつ、双方が統合したようなＯＮＥの政治形態が求められるようになります。そのような動きが少しずつ始まってくるようになることでしょう。

新しいミレニアムのビジョン

質問：憲法の改正はあるのでしょうか。

ソース：いっぺんにというわけには参りません。段階を踏んで徐々《じょじょ》に、というふうになります。またその方がよさそうです。時代自体も段階を追って徐々に進展、移行していくことなります。憲法の改正自体は良い事だし、必要ですらあります。時代の様相《ようそう》が三百年前、百年前などとはもちろん、二十年前、十年前、さらには五年前とも大きく変わってきています。

全体として見ますと、交通や運輸、情報や通信の著《いちじる》しい発達によって、世界が今や一つとなろうとしています。情報の伝達されるのも以前から比べると考えられないほど速くなっています。それによって人々の意識にも変化が見られ、ライフスタイルもより国際化してきているのです。科学・技術の進歩と飛躍的な発達により、人々の生活、文化様式ばかりでなく、思考様式、宗教や精神生活、意識のあり方までが変質させられてきているのです。もはや一つの国の中でのこれまでのようなあり方や体制、様式、価値観や宗教観だけではとても追いつかない現状です。

このような傾向は今後とも続くでしょう。それと共にあらゆる分野が変革を余儀なくされます。そうしませんと、とてもそぐわなくなり、通用しなくなるからです。もちろん一方では時代性を超えた普遍的な精神や、伝統の大切さも見直されることになりますし、ただ速く新しければいいというものでもないのです。それでもやはり、時代に応ずるということはあらゆる分野に於いて必要になってくるし、また応ずるばかりでなくて、修正を図ったり改善したり、補ってバランス化させたり、などということも当然あらゆる分野に於いて必要になってくるのです。

今後数十年から百年、二十一世紀の間にさらには二十一世紀から二十二世紀、そして二十三世紀あたりまでに「地球国家」とも呼んでよいような、一つの地球社会が訪れ、その時は世界は一つの国として治めるような政治も必要になってきます。その前に西暦二〇〇一年から八年ぐらいまでにかけてはとても大事な時ですし、また危機が訪れるかもしれない試練の時ともなりそうです。西暦二〇〇三年から二〇〇七年ぐらいまでが正念場《しょうねんば》となります。そこで、政治も経済も教育も科学も宗教も、試練に遭遇《そうぐう》し、しかしそれをそこで適切に対処し、正しい方向付けをとって成長を遂げながら試練を乗り越えられれば、徐々に基盤作りに入り、素晴らしい時代が到来する夜明けを見ることになります。

二〇〇一年春は、新しいサイクルの開幕となります。それでもなお、二十世紀からのやり残しの課題が山積みされており、それに一つ一つ対応するのに迫られるのが二十一世紀の最初の十年間です。あるいは最初の二十年間だとも言えます。心して臨《のぞ》みましょう。大事なことはどの分野に於いても望ましい本来の体制やあり方を協力・支持し、そうでもないものにはあまり加担《かたん》したり支持したりしないことです。そのように一人一人がちょうど、選挙の票を投ずるように、あらゆる事柄に関わったり関わらなかったりすることで社会自体を否が応でも改変させることとなるのです。それが一人一人の為すべき務めです。

例えば今後のありうべき方向に反するような製品や商品は買わない。その方向に沿うような商品や製品を買ったり、使用する。そのように一人一人が行動の収拾《しゅうしゃ》選択を行い、正しい意向を示すことが社会にインパクトを与えることとなるのです。ちょうど選挙でA、B、Cの三人が立候補していて、どの人に一票を投ずるかに似ています。

地球や自然をだめにするような製品や商品を買ったり使ったりするというのは、それを支持し、それを栄えさせることになるのです。そのような行動は慎《つつし》むのです。逆に、地球や自然に優しい製品や運動は支持し、あるいは協力できるところで協力するということでそれを伸ばし育てることになり、あなたは良い事をしたことになるのです。物を大切にし、自然を敬《うやま》い育む、優しい心を育てるのです。物や自然にも人間と同様、命が宿り生きており、魂と心があるのです。

憲法も世の中の進展に応じて改正されるようになります。それは本来の人間の生き方やあり方に根ざすもののはずです。しかし徐々にでしょう、改変は。すぐは難しいようです。七、八年後が目安です。しかし七、八年後を目指すと十三年後になります。三年後を目指すと七年後に実現します。ということで実際の実現は七、八年後になりそうですが、三年ぐらい後から、もっと言えば今からそれに着手するつもりで関係者一同取り組み始めてください。今からのつもりで取り組んでも結果的に七、八年後に結局はなるだろうという意味だからです。

いつも喩《たと》えで出しますように、八十点を出したかったら百点を目指さなければいけません。八十点を目指したら、六十点で留《とど》まってしまうのですから。では百点満点を取った人はどうだったかと言いますと、百二十点を目指したのです。それによって初めて百点を取れました。十分に対して十二分、などという言い方があるのと似ています。しかし何にしても無理はよろしくありません。徐々に育てたり、改めたり成長したり、という調整の仕方が自然で無理がなく、結局は功を奏します。これはあらゆる事柄にいえることです。

憲法の内容については旧態依然《きゅうたいいぜん》たるところのうち、普遍性《ふへんせい》を有するものは残しておいて、ただ表現形態を変えるとか、新しい時代に沿った形に多少改めるとか、というふうにし、本当にもう古くて役立たず、通用しにくくなった部分は思い切って改めましょう。そのように古いように見える中でも、伝統といいますか、普遍性にベースを置いた大切な、今後とも必要で、いやますます今後必要になってくるであろう精神のところは古く見えても、いわゆる古くはないわけですから、それは残しておくことです。しかし、表現形態は改めることは時に必要だし、部分修正も必要になってきます。

それに対して一方、本当にもう古くて、古びて役に立たない、こんなのはない方がいい、という部分は全面改正してください。自然の規範《きはん》や普遍的真実に沿ったところで良識的に誠意をもって、それに役目のある者達が時間をかけて取り組むと良いのです。時代に適合することもやはり大事なことです。そして時代性というのは、空間的な拡がり、ということにも関わっていて、今後ますます国際化社会が進んでいきますので、ある程度空間的拡がりの上でも普遍性を有するものに改める方向です。

ただしここで一つ付け加えておくことがあります。それは普遍性に対する個別性や、ユニークさということについてです。普遍性ということが何に対してもベースになる必要があるのですが、それがために個々の格別さ、独自性が損なわれるようなことがあってはなりません。新しい時代はＯＮＥの曼荼羅《まんだら》精神に基づきます。それが新しいミレニアムのビジョンとなります。そのような中に於いては普遍性に立脚《りっきゃく》しつつ、各々の個人やグループや活動、民族や国家などがその特色を損なわれることなく、むしろ普遍性にあってその独自性を遺憾《いかん》なく発揮して、自分らしくあることで他に貢献し、初めて全体が成立つという仕組みです。

それゆえ地球国家が訪れるようになるからといって、例えば日本なら日本の古来からの伝統や独自性や良さ、優れたところなどがそのもとで消されていいというものではありません。ただ古いからだめだというわけではないし、ただ新しいからいいというものでもないのです。ただの新しがりやになってはいけません。もっともただの伝統主義者になるのもまた別の意味で課題を残し、何かを必要とするようになりますが。

調和をもたらす政治を

質問：新世紀の政治・経済、新しい政治の枠組みは、今後どうなっていくのでしょうか。

ソース：統合の方向に向かいます。普遍性をベースにして花開く個別性は、全体のために寄与し、調和のもと、遺憾なく寄与していきます。自分らしくあることの良さです。それに対して普遍性に根付かない個別性は他のためにならず逆に迷惑をかけ、真実に根ざしていないために、我《が》が出たというふうに陥《おちい》ってしまい、我流《がりゅう》の悪い癖が出て、自分を生かすことにならず、他者のためにもなりません。ちょうどエゴということを考える場合、今後利己的な愛は慎まれるべきです。自分勝手のような。それに対して本当の自分を愛するということは今後ますます必要になってくるということを識別するなどです。

憲法の改正についてもそうですが、日本でもだんだん個人の権利や自由、あるいは独立を主張し、それを守るために他を思いやれない、自分のことばかり考え、守ろうとする衝動的で攻撃的、勝手な人達が増えてきています。これは国を潰し、そして世界をも損なうことになりかねません。憲法に於いて本当に個人を擁護したり保障するというのはどういうことなのか、全体の秩序《ちつじょ》と自由、調和との関連性で新秩序をもたらす方向で検討されるとよいのです。政治に於いてもすでに述べましたように個人の権利や自由と共に、社会性や全体の秩序と調和、ということの両方が加味される必要があり、また物や資産、財産を保障したりするばかりでなく、個人の心も保障するというような方向が必要になってきます。

その意味で宗教や道徳、教育や心理学等との歩み寄りや相互理解が必要になってくるはずです。今までの政治は人間を物として見なし、人間の物的所有物を保障するなど、個人の唯物的なレベルでの権利や自由を保障する、というところ止まりでした。法律にしても、個人に迷惑や危害を及ぼすところを表面的にだけ見て、そこだけを規制するような法律と政策の政治でした。これからはもっと内なる良心に目を留め、目に見えない危害や迷惑、というところまでもっと戒《いまし》めるような政策や政治が必要になってきます。しかしそれが行き過ぎると今度は非常に息が詰まった社会を造り出してしまい、個人の余裕や成長のプロセスを歩んでいくことを厳しくしてしまいかねません。

優しい、調和をもたらすような政治が必要です。これからは人間を、肉体としてだけ見ずに、心や命があり、さらに霊もある、そしてそれら各々には個人性と共に社会性があり、全ての調和とバランスが取れて全体的進化の図られる必要があること、その方向で政治も保障したりサポートする、そのような制度作りです。そしてその方向での政策を施行するということが必要になってくるのです。そして地域性とか民族性ということも国際化していくといってもやはりそれは残るし大事ですので、それはそれで考慮していくこと、尊重することが大切になってきます。むしろ世界が一つになっていくような時勢だからこそ、ますます必要になってくるといえます。

今後数十年から百年、二百年かけてまず経済面で、次に政治、そして文化、教育、最後は宗教が一つになっていきます。地球社会の実現です。その方向で政治も資本主義体制と社会主義体制の各々の欠陥の無い、そして各々の良さが残る、さらには良さがもっと完全になって両者が総合化するような、均整の取れた、全体のためになる秩序が打ち立てられるようになります。それはすぐにではなく、まず今後五年、十年の試練を乗り切って、数十年かけて創り出していき、試行錯誤の中で体験を通して学び取り、より完全な体制が構築されていきます。

そしてやはりまずは例えば中国なら、中国に相応《ふさわ》しい資本主義体制というのができてこなければ根付かず、実際は難しいのです。それは日本に資本主義体制が根付いた場合でも、やはり日本式のものだったわけです。アメリカそのままのものではなくて。そのように各地域や民族性、その国の歴史と目的に応ずるものになる必要があります。そしてそのような過渡期《かとき》に於いて資本主義的な自由や独立性、また物の消費、そして個人の権利の保障、唯物的な科学や物の世界、それらと一方では魂や心、それらの有ることとや、その霊的進化ということとの統合へ向けての調整が必要になってきます。

社会主義諸国は自由主義化の方向に向かって行きますが、一方受け皿としての資本主義体制自体がすでにアメリカに見られる通り、また日本にも見られ始められている通り、限界があり、地球を壊すような社会体制だったり、科学技術だったり、宗教だったりしたわけです。したがって全てが資本主義体制になったらもっと大変な世界になりかねません。それゆえ資本主義体制は心とか個人の権利や自由を保障する、と言いながら実際は非常に唯物的なのです。そして社会性が欠如して、他に迷惑をかけてしまっています。

それゆえ社会主義的な体制の社会性や、秩序と調和ということも学んで導入する必要があるし、資本主義本来の中の自制心がもっと大事になってきます。さらに本当の心や優しさ、思いやり、他への配慮、そして調和、相互に生かし合う精神と行動、そのようなことがとても今後ますます必要になってきます。その辺で唯物的な科学やその中での資本主義体制と、魂や霊、心の面、道徳の面との拮抗が今後三年後から七、八年後にかけてあり、その厳しい狭間を人類は通っていくことになりそうです。下手をすると大きな戦争になりかねません。しかしその試練を乗り越えて、とても大事な教訓を学び取って、浄化《じょうか》され、そこで成長を遂げると素晴らしい時代が訪れる見通しが立つということです。

焦らずじっくり取り組みながら調整を重ね、徐々に無理なくシフトさせていくことが肝《かん》要《よう》です。

浄化への過程を辿る政界

質問：今の連立政権は何時まで続くのか。非自民野党政権が誕生するのでしょうか。

ソース：政治は日本に於いてばかりでなく、世界的に今後三年、五年はもたつき、てこずるでしょう。政治に関しては世界的に見ても日本に限っても今後数年は非常に難しく、あまり楽観視できません。近未来的には。でもそのような中で少しずつ学び取り調整もされ、浄化も行なわれていくのです。日本について見るならば、これまでの自民党がただ崩壊《ほうかい》するということではないようです。一つの可能性として例えば自民党が三つぐらいに分派し、ちょうど小澤氏が自民党から独立して自由党を始めたように、何か自民党自体が大きく三つぐらいに分かれて、変革を余儀《よぎ》なくされ、各々が産みの苦しみのプロセスを通って新しい内容と形態の党をもたらしていくような感じです。そしてそのように二つから四つぐらいに分かれて刷新をはかり新生を遂げたかつての自民党が、野党の方とこれまでよりも数が多くなった党同士でそれぞれ新たな連立政権を作る可能性が高いようです。

宇宙に於ける人間の教育法

質問：少子化と高齢化について二十一世紀にどのような影響があるのでしょうか。

ソース：福祉の面とたぶんに関わってきます。少子化自体は問題ではないし、悪いことではありません。すでに人口爆発が問題として深刻化してきています。六十億人を超えた現在、その分だけ全体のエネルギー消費量が増えてきているので、地球は火だるまのような状態です。それが温暖化をもたらし、北極や南極の氷が溶けて、かつて地続きであったベーリング海峡とか、朝鮮半島と日本列島とのつながり、それらが皆分断したように今度はさらに東京湾岸が沈むとか、オランダの大半が海面下に沈んでしまうとか、そういうことも起きるし、それ以上に問題なのは地球の環境汚染です。

そのために少子化の方向に向かうというのはむしろ望ましいことなのです。日本だけでも人口が制限されれば全体の負担を軽くするからです。しかしやはりインドとか中国、あるいは中南米やアフリカ等の国々でどんどん増加していれば、あまり効果はありません。一方ではかなり餓死《がし》してきている人が増えています。食べる物や飲むものが足りない、あるいは不潔で、それで病気で死んでいく。あるいはエイズその他でも死んでいく。環境病でも困り始めている。一方医療ではあまり好ましくない方向に向かっている、等です。

少子化にもし問題があるとしたらば、皆勝手になってきており、家族を営む精神が足りず、核家族よりもっと進んで、子どもはいらない、もっと自分を大事にしたい。そして自由気ままに生きたい、楽《らく》したい、あまり働きたくない、という風潮が問題です。子どもが一人二人ということにすること自体はむしろ良い事なのですが、しかし自分が楽したいとか、子どもの面倒まで見たくないからできるだけ少なく、というところでの少子化は問題です。そして産んでもあまり責任を持って見たり育てたりしない、等は問題です。

その他だんだん男性でしたら精子の数が少なくなってきて、妊娠の確率が減ってきて少子化をもたらしているとか、女性の方はあまり専業主婦になりたくないので子どもを産まないか、産んでもせいぜい一人か二人止まりにするということ、それも部分的に問題です。女性が社会に出て働くこと自体は問題ではないわけですが、しかし主婦というのも大事な務めで、尊ばれる必要があるからです。男女が平等であるのは当然なわけですが、ただ男女の同権という場合、女性が男性と競《せ》り合おうとするよりも、もっと女性ならではの特色や優れた面、良さ、というのに着目して、その特色を出していくことで男性と女性がお互いに尊《とうと》び合えるような棲《す》み分けが為《な》されるのが理想的です。

さて、少子化と関連する高齢化ですが、これはある程度深刻です。第一次ベビーブームの世代の人達、さらに続いて第二次ベビーブームの世代の人達がだんだん年を重ねていってお年寄りになった時、一方少子化により子ども達の数が減っているので、非常に世代別に見るとアンバランスな構成を示すような日本社会となりかねません。

一方医学の進歩によって寿命も延《の》び、しかし治りにくい病気も一方では増えてきて、ただ寿命が延びていて、と手放して喜べないところがあります。今度はお年寄りや病気の人をみてあげるということも大変になってくるだろうからです。そういうのまで含めるとかなり深刻な問題です。やはり今後二十年三十年はあまり楽観視できず、大変な時代が続くという一つの表われです。それでもそのような逆境や大変な中で人類は貴重な教訓を学んで成長を遂げ、初めて行動を改めていくようになります。ちょうど食べたい放題食べられなくなれば、自粛《じしゅく》するしかなくなり、生き方や体制を変えるのを余儀なくされるようなことと共通しているのです。

これからは今までの生き方やあり方や考え方が通じないことで、否《いや》が応《おう》でも見直しを図らされ、そして間違いに気付いて改めるということを余儀なくされる二十年、三十年となります。人間はどこかでそのような問題が出て初めてそれに対して重い腰をようやく上げて取り組むようになるところがあるからです。そのような意味では成長と目覚めの促《うなが》しになるチャンスです。それによってライフスタイルや考え方も改まる方向に向かい出します。やはりある程度長いスパンでみていくことが必要です。前に行ったことのツケは回ってきて必ず責任を取らされるのが、この世の原理だからです。それが宇宙に於ける人間の教育法だからです。

宇宙からの警告

質問：ＩＴ革命が及ぼす日本への影響をお教えください。

ソース：情報技術ということで、パソコンが一般化して普及し、情報ネットでこれまで考えられなかったような世界の様相《ようそう》を呈《てい》し始めています。ＩＴ革命によって得られるものと、失うものとがあります。得られるものはもちろん非常にスピーディに情報を入手し、世界が文字通りオープンになり、皆が教育や知的好奇心を満たすことに対して同じ立場や権利を得《う》ることです。情報の公開性と共有です。

しかしそのような中で例えば著作権が保障されにくくなったりという問題もあります。そして情報がヴァーチャル化しますと、ますます心を枯らしてしまい、人々の心が鈍感になり麻痺《まひ》してきて、それが惨《むご》い行為、冷たい行為を犯し、それが嵩《こう》じると犯罪に繋《つな》がります。犯罪が増えてきているということは、潜在的にその何倍も何十倍もそれに近いことが実際は起きてきているということなのです。

皆心が麻痺してきています。ありがたみや感謝も減ってきています。感激する心も減ってきています。そうすると惨い行為をしてしまいます。迷惑をかけても平気で、なぜそれがいけないのかさえ分からなくなってきているのです。それは教育にも問題がありますが、例えばＩＴ等との関連でもその影響を見ていくことができ、今後ＩＴ革命によってますますそれに拍車がかけられますと、今後目指すべき方向と逆方向に向かいます。

今後目指すべき方向としては、一人一人が物や自然も生きており、魂や心があること、本当の愛に基づく思いやりとか配慮が必要であること、そして自然や物を心から拝《おが》めるような、そして物を本当に大事にし、自然を労《いた》われるような、そのような心を育てるのが今後の目指すべき方向です。そのような中で魂がこもり、自然と共に優しく生きるということができてこそ初めて、地球環境問題への対策も実のある正しい方向に向かえるのです。命と命との触れ合いと交流です。人間が生きていくのに都合が悪くなったから手を打とう、というのだけでは環境問題への対策はいまだに根本の問題を解決しないままの都合主義で終わりかねません。心から変えていくことが必要です。そのために宗教に再び目を留《と》めること。しかし宗教自体にも大きな問題がありますので、宗教の再生、あるいは新生が一方では必要になってくるわけです。

ＩＴ等の技術が進展したりあるいは社会や世の中が便利になったり、過ごすのに快適になったりすること自体は悪くはないのですが、それが行き過ぎますと地球を壊します。それゆえ自粛することが必要で、その分心を育成したり大事にする。命を感じられる感性を養う、ということがその分急務《きゅうむ》です。非常に今はアンバランスなのです。それで考えられないようなことが起きてきているのです。それは宇宙からの警告ともいえます。ＩＴが進みますと、それがもっと進んで行ってしまいかねません。もっと愛や魂を認め、温かな心のこもったＩＴにならねばなりません。

今後はますます心と心の直接の触れ合いが大切になってくるはずです。

唯物的・合理的個人主義からの脱却

質問：二十一世紀における政治と宗教との関わり方の留意点と方向についてお示しください。

ソース：政治と宗教との関係の持ち方として、大別《たいべつ》して二通りがあり得ます。一つは政治と宗教を全く分離させ、別々の事柄として無関連に各々行っていくということです。今一つは、宗教と政治とを統合して、一つのものとして行っていく、という道です。現代に於いてはほとんどの国々で政治と宗教とを分けております。太古の昔や古代、あるいは中世ぐらいまでは、世界のかなりの国々や地域で宗教と政治が密接に関連し合って行われたり、場合によってはひとつのこととして行われたりしていました。最近はそのようなことはずいぶん少なくなってきています。チベットのダライラマ（活仏）はその一つです。

王国などと名付けられていた国は、たいてい神政《しんせい》政治が営まれていて、両者は一つでした。政《まつりごと》（祭り事）などと政治のことも呼ばれていました。今でも例えばイギリスなどは「イギリス王国」等と呼ばれるように、その名残があります。そして王様とか皇帝、あるいは天皇のような流れが続いています。その点は日本でも同じです。天皇陛下は敗戦の時、人間宣言をされました。それでも日本国民の象徴として天皇は続いているのです。

かつてはエジプトとかあるいはローマ帝国など、かなり人間のトップが神として崇《あが》められれるようなことで神政政治を行っていたのです。そしてそれが今でも名残として、例えば天皇制として日本にはあります。しかし一方、総理大臣とか、アメリカでしたら大統領、また他の、例えばイギリスやフランス、イスラエル等は首相、ということでこの世の政治を責任を持って引き受ける人が立てられているのです。

さて今後ですが、どのようにすると良いかということを見てみますと、やはり分けたほうが良いようです。しかし今までは分け過ぎていて、分けられていただけでなく、背《そむ》き合うような関係でした。あるいは無視ということで相手を無きが同然という態度やスタンスをとっていたのです。日本の中では、例えば一宗教団体の創価学会が公明党という政党を持っています。しかし一応、法律や決まりに従って、別物だというふうな形態をとっています。けれども実質は密接不可分なわけです。欧米社会ではかなりキリスト教文明が栄えてきていて、たぶんに宗教の或る流れから政党が作られているのです。今後は政治と宗教が別々でありながらももう少し相互理解を示し、協力するところは協力し合う、ということで相互理解と相互尊重の下《もと》、必要な時は協力し合うという体制が望ましいのです。といってもどこか特定の宗教の流れや、まして具体的な教団をここで勧《すす》めようとしているわけではありません。一方、どこか特定のところを貶《おとし》めたり否定しようという目論見《もくろみ》も一切ありません。もっと大枠の話をしています。

政治は人間を物として見なし、扱い、社会的に人間が生活や命を保障されるように、それによって社会に秩序や安寧《あんねい》がもたらされるような政策を実行に移したり、法律、さらにはその上の憲法によって規制したりして国を営んでいます。しかしそれがためにあまりに心とか魂、あるいは自然や地球等を守ったりそれを認めるということが少く、倫理や霊的な面に関してあまりに無頓着《むとんちゃく》過ぎて意識して宗教を排除し過ぎたがために、乱れてきています。それは本来のあり方ではありません。分け過ぎたといえます。

これからは宗教と一致する必要はありませんが、一つになることは必要ありませんが、もう少し宗教で説いてきた倫理や心、生き方等、また霊的な面に関して、あるいは霊的な法則に関しても考慮し、特定のところに与《くみ》するというわけではないのですが、とにかく基《もと》にある普遍的《ふへんてき》な原則や人間としてのあり方や生き方という、とても基本的な事を認めて、それを考慮に入れることが政治に於いても今後は必要になってくるのです。さらにもっと先になれば政治も宗教で説いてきたようなことが分かり、それを受容するようになった時は本当に政治が変わる時です。その時は政治と宗教はもはや二つではなく一つとなっているかもしれません。しかしそれは結果としてであって、今のうちからそれを目論《もくろ》むことは危険でさえあります。まだまだそこに至るには過渡的《かとてき》な形態をとっていき、調整を重ねながら人類も成長していくのであって、クリアすべき課題も数多く待ち受けています。当面は両方はやはり二つであるというのが穏当《おんとう》な結論、ないしは答えのようです。

それにしましても政治・経済、科学・技術、医療、さらには教育までもが非常に唯物的で、さらに合理的な個人主義に陥《おちい》ってきているがために、様々な問題を引き起こしてきているのです。人心《じんしん》の荒廃《こうはい》や犯罪の多発、地球破壊、それによる環境病の蔓延《まんえん》、食糧問題、そして戦争の危険性等を、今は見直す時です。そして新しい指針《ししん》とビジョンが必要になってくる時です。

社会の改変が迫られている

質問：日本の景気回復の見通し、失業問題について、また景気が回復するならば、いつ、どのような様相で起こるのでしょうか、併せてお教えください。

ソース：当分は難しいかもしれません。さて、難しいからといって手をこまねいて見ていたり諦めたり、投げやりになるということではないのです。それでは困ります。もちろん、解決したり良くなるためにできることを行い、ベストを尽くすべきであるのは当然のことです。それでもなお、まだまだ景気の回復は難しいでしょう、という意味なのです。「あぁ、ダメならもう諦めよう」とかと、投げやりになったり、退廃的《たいはいてき》なムードに陥ったり、消極的になったり、無責任になっては困ります。難しいなら尚のこと、工夫したり配慮したり、愛と智慧とをもって、できることに最善を尽くしてください。そしたら「難しい、難しい」と言っても少しずつは改善し、持ち直していくのですから。

これからの三年、五年、七、八年は人類にとってとても難しい時です。経済面に於いても。それゆえ日本の景気回復はこれから三年から五、六年、あまり見込めません。といって経済大恐慌《きょうこう》に見舞われるとか、不況のどん底に陥《おとしい》れられるとかということを言おうとしているのではありません。なかなか難しく困難で、低迷期がここ数年は続いてしまうであろうということです。そのような現状を見据《みす》えて、さてどうするかということなのです。長い目で本腰入れて取り組むことです。そして小手先だけの方策とか対処ではなくて、今はもっと抜本的《ばっぽんてき》な変革が迫られているということ。それは改革の面での根本的な改めばかりでなくて、人間の心を改める、生き方を改める、そして人間とは何かを問い直す。なぜ生まれてきてどのように生きて行くと良いのか・・・そのようなことを誰もが勉強し直す時だということです。

先ほど、政治と宗教との相互協力の方向性について見てきました。その際、政治が変わっていくことが求められているのと同様、宗教の方でも改善されたり宗教自体が成長、進化していかないと、相互理解や相互協力ということは難しいわけです。人間自体が成長し、内面的にも豊かになり、物質の豊かさとバランスが取れて、物質的には自制心を持って生き、物や自然も生きていて大事だという精神で優しい心をもって接したり関わるという生き方が基本線です。そのようなところを改めない限り、あるいはそこにまず気付かない限りは、景気回復は望めないということです。起きてきていることは偶然ではありません。偶然に見えることも実は必然なのです。運命論ではありません。人間が自分で蒔《ま》いた種が、それ相応の実を実らせてしまうという法則について、責任、すなわち思いやりについて述べています。

失業に関して見るならば、職業観との関連が見られます。世の中の職種とか業種、またその受け皿となる企業と根底にある社会体制、あるいは経済機構というものの改変が求められているところなのです。いっぺんに変わるわけではありませんし、また変えようとするのには無理があるのですが、ともかく少しずつでも身近なところで、まずは気付いた人から本来の生き方や、自分の生まれてきた目的に沿った働きをしていくことです。そのような再編成によって失業ということも徐々に減ってくるのです。失業ということは一つの警告であり、社会の改変が迫られているということを意味しています。それによって新しい、これからに必要な業種とか職種とかが出てきて、失業ということがなくなってきます。

これからはあまり要《い》らない業種とか職種があるのです。一方これからますます必要になって求められる業種や職種があるということです。その辺のところで徐々に段階を踏みながらタイムテーブルのなか、再調整されていくのでしょう。

地球を痛めない新エネルギーの開発と普及

質問：今後の税金の使いみち等、税金に関してお教えください。

ソース：環境対策にかなりの額を投じてください。基礎研究も含めてです。またその一環として人間研究ということにも割《さ》くと良いのです。アメリカなどは軍事費に多くを当てて、国自体が疲弊《ひへい》し、弱体化してきている有様《ありさま》です。これからはどの国に於いてもあまり軍事費とか防衛費にかけるのではなくて、もっと平和のためにお金を投入するのです。軍事や防衛こそ平和のためなのだ、という言い分もあるのかもしれません。しかしそうかもしれませんが、それは消極的な取り組み方なのです。恐れと心配に基づいているからです。

また福祉にお金をかけるとよいのですが、ただし現実に対する即時対応ということも大事なのですが、忘れてならないのはそればかりでなく、真の福祉社会の実現のために、税金を使うということです。それは例えば六十歳以降、七十代、さらには八十代になってさえも生き生きと自分を生かし発揮して、社会に役立つ、そして自分もそれによって成長し、成り立っていけるような機会を開くということです。そして生涯学習ということにももっと機会を開いていくと良いのです。さらに公的な学校や教育施設と共に民間の、自発的な、そのような動きや営みに対しても理解を示し、もっと公私の溝を埋め、相互の架け橋を作るのが良いのです。

また官僚を始めとする国家公務員の人達、とりわけその天下《あまくだ》り先に対してあまりに多くを出し過ぎてはいないでしょうか。これは単なる一例です。何かどこかで多くが無駄に使われていることがあるかもしれません。警察関係もその一つです。代わりにこれからはもっと民間をサポートするように、税金を使うと良いのです。地球を痛めない新エネルギーの開発と普及への理解と支援は、その一例でしょう。

また真の能力主義を鼓舞激励《こぶげきれい》するようなことが必要で、そのために機会を開いていくと良いのです。また社会に様々な細かい、新しい社会的な資格という認定方式が作り出されてきていますが、それは良い傾向です。ただし、有名無実のものもあるようで、本当に実質的な効力と価値の有るものであることがいずれの場合も必要です。さらには一方でこの世の資格や経歴だけが全てでないということで、もっと多くの人達が各々、正当に評価され、活躍できるような舞台を用意するためにも税金を使うと良いのです。ある意味で資格社会になり過ぎているので、それは学歴重視の延長線の同じ路線だからです。

特殊な技能や能力、あるいはあまり目立ったすごさというのを感じさせなくても、世の中になくてはならない素晴らしい、ささやかな働きというのもいっぱいあるのです。そういうところも拾い上げ、評価し、認定してあげて保障してあげる、あるいはサポートしてあげるということも必要になってきます。価値観が一律でなく、何かサポートも一辺倒《いっぺんとう》でないことが必要です。一貫性、公平さと共に柔軟性が不可欠です。学校ですと偏差値制で落ちこぼれが出てきて、それが青少年の犯罪にも結びついてきている部分もあるのです。

もっと人間はいろんな人がいるのですから。いろいろいていいいし、いろいろいた方がいいわけですから。柔軟に適切対応していける、そして一人一人が力を発揮して世の中に貢献する中で人間的にも蘇生《そせい》され、立派に成長を遂げられるような、生き生きしてパワフルになれるシステムです。そのために税金も投入します。あまり政治家とか国家公務員ばかりを優遇し過ぎるのも考えものですし、また例えば役所などで知らない内に一方的に年度締めが迫りますと道路工事等で残りの税金を使うなどというのも考えものです。これも一例ですが、このようなところを拾い上げて良心的に対処し、逆に他の必要なところを見出してそれに使うということです。

あるいは世界中にはインドや中国やアフリカ、中南米の国々を始め、食べるのにも困っていたり、飲む水もなくて病気になったり死んでいく人達が大勢いるのですから、そのようなところにお金を回す、あるいはリサイクルということとの関わりで、生活必需品とか衣類を回すということも必要となってきます。どこか特定のボランティア団体や運動だけを理解、支援するばかりでなく、他にもいろいろと隠れたところでの良い働きや動きもいっぱい世の中にはあるのですから、そのようなところにも目を留《と》めると良いのです。宇宙の正義と慈愛の法則に沿って、公平を期するわけです。

世界が一つの経済圏に

質問：二十一世紀の貨幣価値はどのようになっていくのでしょうか。

ソース：実質的なところに戻っていきます。戻されるというふうにも言えます。お金がどこか一人歩きしてきたところがあるのです。そうすると実体の無いものになって、バブルがはじけたりするのです。例えば株を始め財テクのようなこともあまり意味をなさなくなってきます。やはり労働の基本は、自分ができることや為《な》すべき務めを精一杯果たす中で他者の役に立ち、それによって自分の方も成長を遂げ、成り立たせて頂ける。そのような中でお金が働いて役立った分回る、ということなのです。

どこかこのような基本的なところからお金が一人歩きしたり、複雑なシステムを作ってお金が実質のないところで、膨《ふく》らんだり縮んだり消えてしまったり、単なる数の操作が為されたりということが起きてきています。これは本来のあり方ではありません。それゆえどこかで調整が必要になったり、いずれは問題が表面化し、精算が為されざるを得ません。健全な体制を作り出しましょう。銀行はある面でそれに荷担《かたん》してきたと言えます。そのために銀行自体が責任を取らされるようなことが起きてきているのです。

資本主義の土地本位制がありますが、本来は働いた分頂くということです。産業も、第一次産業がやはり依然として基本なわけです。サービス業も大事ですが、やはり人間にとっては衣食住が基本です。特に食べ物です。食べ物と飲み物です。お金もその代わりとして使われます。そしてあまり貯蓄するということよりもその時その時で働きを為した分、生活が支えられる。そして必要な生活必需品にお金によって換えられる、そのためにお金が使われるようになります。

統一通貨のことについて見てみますと、それは将来的にはあり得ることです。しかしまずは、例えばECのようなヨーロッパブロックが経済機構として成立し、その中でお金が比較的交換可能となり、経済的に一つの大きなかたまりができます。それと同様に、北米や中南米の経済機構のブロック、アジアブロック、アフリカブロック、等といったように今までの個々の国々だけでなく、そのブロック内に於いては別の通貨でも使えるようになります。さらにもっと大きなかたまりになるように提携《ていけい》がなされ、それによってついには世界が一つの経済圏として、お金の融通性《ゆうずうせい》が効くようになります。もっと先に行きますと、最終的には統一通貨に置き換えられるようになります。しかしそれにはまだ、五十年、百年、百五十年ぐらいはかかりそうです。何も急ぐことは必要ありません。

そして相手のことを思いやる精神が大事です。自分達の物の優越性やメリットを主張して、相手の物をこちらの物に変えさせるというやり方は、どの分野に於いても諍《いさか》いと混乱をもたらします。慎《つつし》みましょう。

豊かさをもたらす新しい霊的営み

質問：二十一世紀に於ける経済体制のあり方、留意点と方向についてお示しください。

ソース：これまで大きくはアメリカに代表される自由主義経済体制と、ソビエト連邦に代表されていた社会主義経済体制と、この二つに基づいていました。そしてアメリカやソビエト連邦の下《もと》に多くの国々が習って、付いていた格好です。けれどもソビエト連邦が崩壊《ほうかい》し、ロシアに生まれ変わったことで、東欧も自由主義化し、そして二十一世紀に入って中国に動きが始まり、或る気功集団の目立つ動きを国が弾圧《だんあつ》していますが、どうもその辺が火種《ひだね》となって中国も自由主義の方へと向かっていくようです。

中国は元々道教《どうきょう》や仏教あるいは儒教が基盤にあるため、いつまでも唯物的《ゆいぶつてき》で、個人を無視した社会性のみを主張する、あるいは社会性だけを保障するような体制では無理があり、いずれ不満が爆発します。やはり個人を認め、個人であるという面に対して保障してあげる、ということが必要になってきます。例えば宗教や思想の自由、その活動の自由、あるいは個人の私有財産を認める。個人として生活したり動き回ることの自由も認め、保障してあげる。特に心の面や個人性の面で、社会主義体制は欠陥がありました。

しかし一方資本主義体制は、民主主義ということですけれども、個人ばかりを主張し、社会性が追いやられ、非常に乱れてきています。個人の権利ばかり主張し、相手を思いやる心がなく、すぐ裁判にかけようとします。それは狭い心です。お互いに成り立つ道を模索《もさく》するのです。そして自由・独立・平等、というスローガンで、啓蒙《けいもう》主義の下《もと》、民主主義社会が成立しましたが、しかしそれがいかに弱体であったかは二度の世界大戦と、それでも止まず戦争が続いてきていることでも分かります。さらには地球が破壊され、環境病も蔓延し、今後人類が生存していくのを危うくしていることでも分かります。

やはり資本主義体制の人達は、もっと自分の欲望やエゴを控《ひか》え、足《た》ることを知り、そして心の豊かさを大事にし、相手を思いやる心やその方向での実践が必要です。そして本当の宗教や心、内なる良心、霊的な目覚め、ということが必要です。資本主義の下では宗教の自由と心を認めるということがあるのですが、名目上のことになり、物欲に走る消費社会を作ってしまったのです。これからその見直しを図り、資本主義の片棒を担《かつ》いできた物《もの》優位の科学・技術に対し、もっと心や霊のあることとその大切さ、魂の目覚め、成長、信仰というものを、しかもより本来のあり方で行っていけるような、それを考慮に入れられるようなことが必要になってきます。

しかし中国式の資本主義体制ができてくる、あるいは他の国々も、東南アジアを始め、アフリカ諸国もそれに刺激されてそれに向かって行く、その時に皆がアメリカや日本のようにエネルギーをたくさん消費して物を使い捨て、食べ物や水も大事にしないというように、物や自然の命を感じられないような生き方をしますと、いっぺんに地球は潰れてしまいます。それゆえずっと資本主義で来たアメリカや日本は、それに続く資本主義化していくであろう国々に対して、反省の模範を示し、自粛《じしゅく》しながら、もっと簡素《かんそ》に生きるという本来の生き方を目指すことです。

そして社会主義体制の良いところもあるのですから、それも導入しつつ、両者の体制を統合したようなONEの体制ができてくるようになると、だんだん世界が一つになる方向に向かいます。いずれ百年、二百年後には地球社会が訪れるのです。それへ向けてまずは経済面で一つになり、次に政治の面で一つになっていくのです。そしてだんだん心や文化に関わる方面が一つになっていきます。

そして宗教も最後には新しい地球宗教が創り出されます。それはどこか特定の具体的な宗教であることはないでしょう。それでも雛型《ひながた》のようなものが幾つか世界の至る所に徐々にできていくでしょうし、実験や試みがあり、試行錯誤《しこうさくご》の末、本当にこれからの国際社会に通ずるような、魂を大切にする自然型の宗教、宇宙の宗教ができるようになるのでしょう。

これまで人類の心の支えとなっていた三大世界宗教―キリスト教、イスラム教、仏教―をベースにしながら人類皆が新しい時代に於いて地球全体を一つの国家として営める、科学・技術もさらに進歩し、そして心もそれに付いていけるような豊かさをもたらすような、新しい霊的営みです。

欧米文明の最終形態、アメリカ

質問：アメリカの世界でのリーダーシップ、国際的地位、経済力は今後も続くのでしょうか。

ソース：それは難しくなるでしょう。二十世紀はアメリカの時代だといっても、ある意味で過言ではありませんでした。けれどもそれは二十世紀までです。ちょうど二十世紀末のクリントン大統領の時までです。クリントン政権が終わり、新しい大統領が立ちました。それはアメリカの時代が世界的に終焉《しゅうえん》することを、ある意味で物語っています。それゆえ日本も今後はアメリカびいきを止め、アメリカ一辺倒の行き方を卒業させてもらうことが必要です。そのことが必要になってきます。もっと日本は自信を持って日本独自のものを形成、開発、実行していくことが今後求められるようになるということです。

例えば自動車にしても、あるいはパソコンにしても、この今行われているリーディングにしても、欧州・アメリカ産のものです。それゆえ当然のことながら最初はアメリカの独走態勢が見られたのです。そして日本はアメリカに見習い、一所懸命付いてきました。二十世紀はアメリカのものを輸入し、日本に広めたり紹介し、共に学び、学習する準備期間だったのです。それもようやく一段落を遂げ、二十一世紀からは十分学ばせて吸収させてもらった上で、日本式のものとして新しいものを開発したり、そして逆に輸出したり、アメリカに恩返ししたりすることが必要になってくるということです。

ある意味で古代文明であるエジプトやメソポタミア文明からギリシャ・ローマ、ヨーロッパを経てアメリカに行き着いた欧米の文明が地球を破壊させ、物の科学と技術によって非常に偏《かたよ》った、唯物的な、戦争をもたらしてきたようなあり方でここまで来ました。アメリカはその最終的な形体であり、アトランティスの反映なのです。アメリカは今後一つの国に収まることでしょう。それによって日本は、例えばアジアに対して目を向けるようになります。

今後はアジアに対して、ただ搾取したり利用したりという関わりから、アジアのためを思って、アジアの一国としてアジアをサポートし、教育したり助けたり、導いたりしてあげることでアジアとの良好な関係が成立し、アジア諸国との協力体制ができてくる方向に向かいそうです。

† 第二章

新世紀の家庭・生活

世界を浄化する地球家庭

質問：二十一世紀における新しい夫婦・親子・家庭の特徴とあり方、留意点と方向についてお示しください。

ソース：国が成り立つためには、各家庭が基《もとい》となります。各家庭が一つ一つの単位としてしっかりと立ち、健全であることによって初めて国も健全であり、しっかりと成り立つということです。

二十一世紀からの方向としましては、地球家庭というビジョンが浮かんできます。皆同《どう》朋《ほう》なのです。今後は男女という性別や、民族、あるいは国家、宗教、イデオロギー、等といった障壁《しょうへき》が薄らいでいきます。それによって皆が同朋であり、兄弟姉妹である―つまり家族である―という認識が高まってきて、国際交流も活発化します。ただ薄められていくということではありません。オープンになり、行き来が可能になる結果、より統合された文化やライフスタイルが編み出されるようになります。それによって伝統文化や各国の特色がなくなっていくわけではありません。むしろますます独自性を放ち、世界に彩りを添え、ハーモニーと秩序がマッチしてくるようになるのです。

いわゆる家族が家族だけであるわけではなくて、赤の他人も家族だったんだ、という認識です。それが例えば日本の国に留《とど》まらず、民族や人種を越え拡がっていきます。六十億人が一つの地球家庭を営む「地球社会」の実現です。それはまだ百年も二百年も三百年近くも先の話しですが、しかしそのような方向に向かいます。といっても何か特殊な閉鎖的コミュニティが盛んになるということでもありません。あるいはいわゆる家庭が崩壊したり解体したり、意味をなさなくなるということでもありません。各家庭は家庭としてありながらも同時にそれだけが家族とか身内であるわけではなくて、他人は他人ではなかったんだ、家族はいわゆる家族に留まらず、皆が家族だったんだ、それは日本人に限ったことではなく、世界中皆がそうなんだ、となります。

男女の平等とか、人種とか民族の対等性ということを言うまでもなく、皆家族ならば対等なのですし、同質性ということが、違いを越えた本質のところで認識されるようになります。さらに忘れてならないことは動物家族、植物家族、樹木家族、水家族、空気家族、石ころ家族・・・等といったように、生きとし生ける万物が皆同朋であり、一つの基から出てきた兄弟姉妹であり、つまり家族であるという広い認識にまで及びます。いわゆる生きていると見られる動植物ばかりでなく、石ころとか土、物、水とか空気までもが生きていると見られるようになる、ということです。

そのようにして地球家庭がビジョンとして浮かんできます。そのような認識は霊的な目覚めと無関連ではありません。それによって樹木とか空気とか水、食べ物に対しても尊び、手を合わせられるようになり、大事にできるようになります。大事にするというのは執着するということではありません。その命を尊び、優しい心でもって接したり関わったりしていくということです。

全てが贈り物であり、単に手段として利用したり、ぞんざいに扱っていいものではありません。そのような思いやりの心が、奥深い目覚めと共に発達していきます。そのような奥深い目覚めを喚起《かんき》させるような教育や芸術手法、研修等が活発になっていきます。皆、どこででも、どういうあり方を通してでも学べます。学びは楽しいものです。そしてそれがそのまま働きとなって、自分の独自性を生かして寄与していき、それによって各自が成り立ち、世界を活発化し、浄化していきます。一人一人が使命に生きるようになることで自分らしくあることができ、自分らしさを発揮して、世界をすばらしく設《しつら》えていくのです。

いわゆる家庭がなくなる、無効化する、ということではないのです。むしろ各家庭を単位として、それがもっと広く及ぶということです。例えば身内でなくても、年上の男性は「お兄さん」、年下の男性は「弟」、年上の女性は「お姉さん」、年下の女性は「妹」という認識です。別にベタベタするということではないのです。そして本当の親が、いわゆる神と言われてきた存在であるという認識が霊的目覚めと共に高まってきます。といって、いわゆる両親が軽んぜられたり地に落ちるということではありません。むしろ却ってこの世の肉の親の奥深い意味が悟らされ、本当に大事にできるようになります。と同時に単なる親子の関係が絶対だというふうにはならなくなって、親子でありながら兄弟でもあるような、それでいてちゃんと慕い、尊び、立てられるような、そのような関係ができてきます。

今世間では惨《むご》い行いが増えてきています。それは本当の心の通い合い、血の繋《つな》がりばかりでなく、心の繋がり、というのが感じられなくなってきたり、認めなくなってきたことによります。動物や植物、その他に対しても、単に利用したり足で蹴ったり、ということをしてしまうのも、感性のなさの為《な》せる業《わざ》です。そのようなことから直していきませんと、単に都合が悪くなってきたから地球を守るという運動だけでは、実体のない空虚なもので、あまり実りをもたらしません。

皆が本当にぬくもりのある、しかし愛情に偏《かたよ》らない、本当の全《まった》き愛を持った地球家庭は、まずもっていわゆる家庭で、そのような本当の愛に満ちて育成されることにより始まります。そしてそれが自ずと外にも及ぶようになる、ということです。お互いに尊び、心から尊重し、慕い、受入れ、特色を生かし合って棲《す》み分け、調和と秩序がもたらされながら成長を遂げていくのです。

今、世間で自由とか、個人の権利とか独立とかを主張し、相手のことを思いやらず自分の権利や自由だけを大事にしたり主張する風潮が強まってきているのです。そして倫理観が喪失してきているのです。それは好ましくない状況です。皆が大事にしたり、主張している権利とか、人権、自由とか、独立というのは、相対的なものに過ぎません。それを絶対的であるかのように思い込んで、それに固執《こしゅう》するところから争いと混乱が生じています。

皆本当はお互いに支え合い、助け合い、受入れ合い、協力し合って初めて成り立つ、おかげ様の世の中であり、自然なのです。

愛の進化の成果

ONEの精神は、仏陀《ぶっだ》の説かれた中道《ちゅうどう》に通ずるものがあります。それはテーゼとアンチテーゼの間の妥協点ではなく、両者をアウフヘーヴェンし、進化を遂げたジンテーゼとしての包括的《ほうかつてき》な上昇点です。あらゆる分野に於いて各人の魂が成長を遂げることでそのONEの上昇点を目指していくと、テーゼとアンチテーゼを止揚《しよう》、統合でき得るポイントに達し、問題が解決、解消します。もともと問題とはそのために出てきていると言ってもよいほどだからです。

家庭に於ける愛というのはそれを練磨《れんま》する、いわば実験場でもあります。また安らぎの所でもあります。家庭に於いて信頼感が育てられていきます。親子の霊的な規範は、神と人との関係にあります。あるいは神と自然、万物との関係にあるのです。家庭に於ける兄弟姉妹の関係は、お互いの同朋の関係に基があります。夫婦の関係は、本当の愛によって、違いを受入れ、違いを慕い合い、違いを諍《いさか》いや離反の原因とせずに、むしろ尊重し生かし合える、それによって互いに成長し、豊かにし合えるような愛の典型です。

夫婦とは面白いものです。もともと他人であったのに、どんな身内よりも身内になってしまうのですから。そして夫婦が和合《わごう》するとそこで新しい生命が宿り、この世に出てくるのですから。それは愛の写し絵なのです。夫婦によって家庭が成り立ちます。愛によって、と言い換えることができます。そしてそれが国家の基となるのです。

二十一世紀以降は、これまでの国々が日本で言えば都道府県のようになります。そして地球全体が一つの国になります。そうすると、例えば地球国日本県東京市、等という位置付けに変わります。江戸時代までは日本で言えば各藩が国でした。今でも日本全国、等という言い方が残されているのはそのためです。

昔の人達にとって国というのは今の長崎県とか、京都府とか、神奈川県だったからです。国というのはいつでも基《もとい》なのです。自分の居る所、という認識の及ぶ範囲内が国です。それゆえ以前は今の県に相当する所が国と呼ばれたのです。一国一城の主《あるじ》、等です。それが今では日本全体が国というところまで認識が及び、それは交通や情報通信の発達にもよります。

ところが今は日本国というのさえ薄れ、世界の隅々にまで情報や交通、運輸が行き渡っています。食べ物も世界中からやってきます。日本にいながら世界中の美味しい物が食べられます。あまり享楽《きょうらく》してはいけませんが、とにかくそのような時代になってきています。そうすると日本が国の気がしない、日本は日本県だろう、世界が国だろう、という認識にまでなってきているということです。

そうなってきますと、経済、続いて政治に於いてこれまでの国々間の障壁がなくなるので、例えば日本国内の県と県同士が自由に電車や車で通過できます。いずれはそのように経済、続いて政治に於いての障壁がなくなることで、日本から例えば中国に簡単に行き来できます。そして日本人だけが身内とか同族意識だという認識から、中国人も同族だろう、と思えるようになるし、さらにアメリカ人もフィリピンの人達も、そしてアフリカの国々の人達も皆同族だろう、同じ人間なんだから、と思えます。愛の進化の成果です。

男女の平等というのは名目上だけではなくなり、特に意識しなくなって本当に平等だという認識が出て、そして特色を生かし、お互いに尊重し合って、あるいは慕い合って、男女の同権が本当に実りあるものとなります。そして奥深い霊的認識としても人間存在とは、カラーナという原因身《げんいんしん》のところは女性でも男性でもないわけですから、あまり性別というのは拘《こだわ》らなくなるのです。

そのような霊的認識、霊的目覚めによる奥深い認識も今後必要になってきて、生命が永遠性であることも分かるし、人が生まれ変わり、霊界もあり、神様や仏様も居られることが分かり、宗教も世界的になり、セクトがあまり意味をなさなくなります。しかしいきなりそこに行くというわけではありません。段階を追ってです。時期時期があるからです。

そして動植物や自然も物も、命と魂があるという愛が育ち、人間だけでなく、全て万物が同朋で、命の宿る大切なものであるという認識が高まって、自然と共存できるようになります。その共存というのが家庭ということで、そのような認識は、いわゆる家庭の中で育まれていきます。

その人が生まれ育った家庭環境で、以上のような愛がどこまで育つかが方向付けられます。また、各人の前世の体験にもよります。

本質は皆両性

質問：二十一世紀に於ける新しい男女の特徴とあり方、留意点と方向についてお示しください。

ソース：男女はありません。人間があるだけです。男女ということがあまり意識されなくなっていきます。男性が主張したり女性が主張したり、自分を守って異性を攻撃したり利用したり蔑視したり、そのようなことやそれにまつわる事件や悲劇がなくなっていきます。すぐになくなるというわけではないのですが、そのような方向に徐々に向かうということです。

といって女性である、男性であるということが全く意味をなさなくなるということでもありません。女性の良さと役目、男性の良さと役目が認識され、お互いに協力し、慕い合い、心から尊重し合って、より良い関係性が交わされるようになります。まずもって、女であるとか男であるということを意識し過ぎないことです。本質は皆両性なのですし、生まれ変わりの中でも性の交換は誰の場合でも容易に為されてきているからです。それゆえあまり性を強調したり擁護したり、意識するのは弊害を伴います。その上で女であり男であることの意味や役目、目的を認識して他の性により良い関係性をもたらす方向に向かいます。

本当の愛

質問：家庭や地球社会の復興がとても大事な現代社会の課題となってきています。物質偏重と核家族化、都市化の進んだ今、新しい心ある家庭や地球の繋がりを確立するために、何を為し心がけていくと良いのでしょうか。

ソース：家庭に於いて本当の愛を体験させてあげることです。満たされている人は罪を犯さないものです。罪を犯す人には二種類あります。一つは満たされていない、癒されていないためです。分かってほしいということで悪い行動に走ります。二つ目の理由としましては、無知ゆえに悪いことをするということです。悪いと思わないでしてしまうということです。その関連の理由としましては、感性が麻痺してきて、惨い行為を平気でしてしまうということです。他の理由としては、自分に余裕がないために、自分を守るのに精一杯で、心が狭いために、そのようにしでかすということです。

自分に成ること、自分に立ち返りそして自分を知り、そして相手を知る、そして思いやりの心を育てる、そのような感性を養う教育をまず家庭で行い、学校でも行っていきます。教育の基本は教える者が身を持って模範を示し、実行に移すということです。先生や親でも人間ですから不完全です。それでもなお、それを目指すのです。そしてどうしても自分の欠点や弱点から模範を示さなかった時は過失や不手際に対して、それをどう見なし、責任を取ったり対処していくかというところでその人の人間性や程度が表われるので、せめてそこで模範を示していけばよいということです。最初はしくじったりいけないことをしてしまってもです。それを含めて模範を示していくということです。行動は口ほどに物を言うからです。

そして本当の愛をもって育ててあげること。愛情というより愛です。愛が狭く限られ、他を無視したり他に愛ができないと、利己的な狭い愛になり、それでは悪に転じてしまいます。自分を愛すること自体は悪ではありません。自分だけを愛するというのが悪です。自分という場合、自分の延長部分まで含みます。敵を作った場合、その愛は悪です。少なくとも潜在的な悪を孕《はら》んでいます。それをまず自覚し、その上でできるところから手掛けて、自分を成長させていくことです。

エゴイズムというのは自分を愛していることではないのです。自分を愛していないことなのです。愛しているようでいて。それにも気付くことです。本当の意味で自分を愛することは、利他的な愛の、むしろ始まりなのです。このような愛の教育により、愛自体が成長し、本当の愛の働きが見られていくようになることが必要です。できるところから少しずつ行っていくと良いのです。そして工夫し配慮し、反省し、また挑んでみると良いのです。試行錯誤のプロセスは要《い》ります。

その意味でお互いに赦《ゆる》し合い、待ってあげること、あるいは見守ってあげることが大事になってきます。相手を正しく理解し、受け入れてあげ、その人がその人として成り立ち、助かるように関わってあげるのです。それが愛の働きです。自分の置かれた立場や状況で、自分が高まるように日々精進していきましょう。

霊的な啓蒙・教育普及

質問：青少年犯罪はますます多発する様相を呈しています。ネグレクト（無視する）と呼ばれる親の養育放棄も顕在化してきております。知育偏重の教育から愛の教育への過渡的移行期を、どのように親や家族は取り組めばよいのでしょうか。具体的対策も併せてお教えください。

ソース：まず社会の体制や制度がどうしてもそれ向きになっていないので、大勢《たいせい》に流され、どうしても能力主義や偏差値制度に乗っかっていかないと不安なので、大勢に押し流されて負けてしまい、その一部に組み込まれて飲まれてしまうのです。それでもそれを自覚し、自分のあり方を赦してあげながら、少しずつ取り組んでいくと良いのです。

自分で自分を赦してあげるということはとても大事なことなのです。そうすると余裕が出てきて、自分で自分を赦すと甘やかしになって危険であるように思うかもしれませんが、自分で自分を赦せないで追い詰める人の方が危険なのです。自分を赦せるようになれば、今度は他者を赦してあげるということも比較的行いやすい道が開かれます。

自分も人も両方愛するようにすると良いのです。自分で良かったと思うことは人にもしてあげると良いのです。自分が嫌だなと思ったことは人にもしなければ良いのです。もちろん、個人差や状況の違い、立場の違い、関係性の違いもあって、自分が良かったから相手の人もいいとは限らないし、自分が嫌だったから相手の人も嫌とは限りませんが、ある程度共通した普遍性《ふへんせい》はあるということだし、まずはそこから入る、そしてその姿勢が大事だという意味です。そして相手の痛みを感じられる能力を養うことです。気付いたら改める方向で取り組めば良いのです。

そして人の影響力というのに注目してください。悪影響というのもありますが、良い影響というのも人は放ちます。その人の器やパワーの強弱にもよりますが、とにかく為すすべがないということはなくて、絶望ということはあり得ず、いつどこででもその人にできることというのが、限られていても必ずあるものです。それゆえ希望を大切に、できることを一つ一つ行うことで、進んで行きます。そして他の人ができること、為すべきこともあります。そしてこのようにして両者相《あい》まってだんだん成功し、達成できるようになるのです。一人一人が為すべきこと、できることがあるのです。それは自分の特質や役目、立場や置かれた状況、自分の願いや理想等から自ずと推《お》し量られます。何をどうしたら良いのかということは。

今からでも遅くはありません。犯罪は増える傾向にあります。そしてこの世はこの世だけで成り立っているのではなくて、あの世や神様との関わりで在ること、それゆえ霊の世界との共存が必要なこと、人はその中で生まれ変わって今があるということを認識する、そしてそれを学ぶ教育も大事になってきます。

心理学と共にもっと奥深い、魂や霊の教育に於ける認識です。それがどこか特定のところに偏《かたよ》ったものではいけませんが、しかしある程度ご縁というのもありますので、一概に宗教的なものも危険視したり排除せず、とっかかれるところからとっかかることです。これまでのように宗教のセクトに収めるだけでなく、団体にも役目はあるのですが、それと共にもっとオープンな場で霊的なことを共有したりシェアできるようにです。霊的な啓蒙《けいもう》や教育普及ということが大事になってきます。いずれ、例えば生まれ変わりの法則も生物学や医学、あるいは心理学の教科書に事実として載るようになるからです。

それと共に自然との共存ということが大事になってきます。皆自然を大事にし、物や自然を拝《おが》めるような、例えば森の神、山の神、水の神、火の神、石ころの神、太陽の神、月の神・・・等を心から拝めるような、そして大事にできるような、食べ物や水も大事にできるような慎《つつ》ましやかな精神です。そうするとあまり犯罪に走らなくなります。走る必要がないように感性を養い、そして心を満たしてあげるのです。

傷ついた人が悪いことをするのです。分かってほしいという想いを汲んであげるのです。加害者で始まる人はいません。被害者が加害者となるのです。もっと正しく言いますと、自分を被害者であると捉《とら》えた人が加害者に転ずるということです。法則を学び、自分を内省《ないせい》できる目を養い、そして大人が模範になり、そして思いやりを持って教育したり育ててあげることです。ただいけないと言うことでは埒《らち》があきません。

大きな愛による万人救済

質問：自分の子どもに、何の抵抗もできない子どもに対して、幼児・児童虐待という事件が多発していることについてお教えください。

ソース：どうしても子ども同士を見る場合、いじめた側が攻撃され、悪い者扱いを受けます。確かにいけなかったのですが、しかし弱者の肩を持つというのだけでは問題があるということに気付いてください。弱い者いじめはいけない、ということで弱者の味方に付き、同情し、いじめた側は強い側であり、加害者であり、悪い子である。そういう図式ができ上がり過ぎてはいないでしょうか。同じ人間なのです。あまりに一方的に暴力を振るったりいじめた側の子どもに対してだけ、「そちらは強い側」「優勢な側」「悪い子」「加害者」と見なしてはいけません。同じ人間なのですから、一見悪い、加害者に見えるいじめっ子の方をもよく分かってあげてください。そうしないといじめは止みません。

これは犯罪が減らないこととも関連しています。子どもに限らず大人の場合でも、犯罪者というのは被害者意識が強いのです。そして分かってほしい、そして報いられたいという思いでいっぱいなのです。最初から悪い人と見なさないでください。神の愛は万人に行き届いているのです。万人救済ということが大事なのです。一人一人が神から愛され、同じぐらい尊ばれ、導かれています。どんな人と人との間でも、少しの差もありません。神は一人の人、一つの魂が滅びるのも望まれてはおられません。少なくとも根本の神はそのような性質がある、大きなお方です。

そのような大きな愛を育みましょう。そのような目で見ますと、弱い側やいじめられた側を擁護したり庇《かば》ってあげるのはもちろん必要なのですが、そればかりでなくていじめた側の気持ちも汲んであげて、サポートしたり尽くしてあげるということがどんなにか大切でしょう。

運命的な前生からのカルマ

質問：離婚率の増加と家庭崩壊の繋がりについてお教えください。

ソース：これもアメリカ的になってきているのです。もちろんアメリカには良さと優れた面があり、それは二十一世紀以降もアメリカの良さや使命というのは続いていきます。けれども何かアメリカに翳《かげ》りが出てきたということは確かで、それはちょうどクリントンから新しい政権に変わった時から始まり出していきます。別に今度の大統領が悪いという意味ではないのです。むしろ象徴になっているという意味です。アメリカの見習わない方がよいところというのがあるのです。

別に離婚が日本で増えてきているのはアメリカを見習っているわけでもないのしょうが、どこか似通ってきているのは、アメリカ志向が強いことにも起因しているのは確かです。個人の自制心がきかなくなり、忍耐したり相手を思いやったりするのが減ってきているからです。非常に我侭《わがまま》で衝動的、表面的になり、肉体の感覚だけで生きているような人が増えてきているのです。結婚する時点に於いてすでに非常に物質的肉体的レベルで結びついた場合、その後離婚しやすいのです。

それに対してもっと奥深い魂、さらには霊のところで繋がったり、前生からご縁があったりすると、離婚しづらい、そして仲が比較的良いのです。奥深いところでの結びつきにしましょう。そのためには慌てないこと。表面や外見、雰囲気、好み、感覚だけで相手を選ばないことです。相手を物や何かの手段と見なしてはいけません。

例えば男性は女性のことを性的な手段とだけ見なさないことです。女性は旦那さんのことを、働いて給料袋を持って来てくれる人、と見なさないことです。もしそのように見なすとしたならば、少しでも高給取りの男性の方を選択するということになり、そうすると狂ってくるのです。表面のところを基準に相手を選ぶからです。それは男性の方の場合とて同様で、女性をどこで見るかです。本当の理想や心のところでの相性ということやご縁で見ていきましょう。

また夫婦というのは運命的なものがあります。前生からのカルマを果たし、霊的に成長を遂げるための目的もあるので、合う合わないだけの話ではないのです。嫌になったとか、そういうことで終えられてはいけません。離婚がいつも絶対的にいけないということではないのですが、離婚を簡単にしてしまう傾向はやはり問題です。それは家庭崩壊に繋がり、子ども達にもその影響が波及《はきゅう》します。

愛のある家庭で育ててあげる方向で取り組みましょう。どうしてもカルマや課題があるうちは、理想論だけで、その通りいくとは限りません、現実には。それでも少しでもこういうことを知って心がけて、工夫したり相手を思いやって、成長する方向で取り組んでいけば、家庭崩壊には繋がりにくくなり、歯止めとなり、歯止めになるだけでなく、より良い家庭を育み、夫婦和合して進みます。

夫婦というのは社会の人間関係の集約図なのです。夫婦関係がうまくいく人は全般的に社会的な人間関係、特に異性関係が良好です。一概に言えませんが、そのようなことが言えます。これまでのことを振り返り、検討し、学び取り、さらに励みましょう。

†第三章

新世紀の教育・福祉

共同体意識と個人性との調和とバランス

質問：二十一世紀に於ける新しい学校教育の特徴とあり方、留意点と方向についてお示しください。

ソース：日本は敗戦後、失ったものを取り戻すために、またアメリカを始めとする先進諸国に何とか付いていき、追いつくために、一所懸命《いっしょけんめい》頑張ってきました。その方向で学校教育もその片棒を担《かつ》がされたといえるでしょう。能力一辺倒《いっぺんとう》主義に陥《おちい》り、心を忘れ、物質的豊かさを追求して、合理精神の方へと向かっていったのです。心の余裕がなくなり、思いやりとか他への配慮などは軽んぜられ、むしろ嘲笑《ちょうしょう》されるべき的となり、否定、排除される方向に向かっていったのです。行ったことの結果が現われ出るのは、すぐにとは限りません。そのような方向で突き進んで行って、三十年、五十年が経過し、今になってその弊害が非常に歪《ゆが》んだ形で現われ出てきているのです。

結果を結ぶために三、四十年から五、六十年かかったということの別の理由としましては、そのような中で育った人達が親となり、そのような想いを持って子ども達を産み育てたということにも起因しているのです。そのようにして育った人達が今親になって、その子ども達がちょうど青少年の時期に入ってきて、当初からの問題が顕在化《けんざいか》し、露呈化《ろていか》してきたということなのです。偶然ではありません。

競争主義が著《いちじる》しく、能力一辺倒主義であることと、能力の尺度が一律であったということ、そしてそれが数に置き換えられていきました。いわゆる偏差値制です。それで子ども達の能力ばかりでなく、人間自体の可能性や価値までが計られるようになった結果、偏差値では計れない部分が追いやられ、それは邪魔なものとさえ見なされるようになったため、芽が摘み取られるようなことになっていったのです。

価値観の尺度が非常に狭く限られ、偏《かたよ》ったものだったわけです。そうするとその流れに乗るべく、子ども達はそのような特徴を有し始めるようになってきたわけです。そして勝つためにはクラスメイトや他の同年代の子ども達を負かさないといけない。勝つため、生き残るためには他の子ども達が負けることが必要であるという考えや捉え方が一般的になっていきました。十五人いるうち十人だけが受かる、ということは五人を落とせ、ということに結果的になるからです。優ろうということと、他が落ちるように、他が失敗するのを喜ぶ。他の不幸をどこかで望んで、そうなった時喜ぶ、という風潮が蔓延《まんえん》してきたのです。潜在的にも。そしてそれがある程度積り積って顕在化してきた時に非常に惨《むご》い心無い事件が多発してきているということなのです。

今後の学校教育のあり方としましては、このような一律制を止《や》め、価値観の多様性を認識し、その方向で組み替えていくことです。皆が一番になれると良いのです。相対的な尺度に過ぎない偏差値制なども止め、もっと絶対的な尺度で見ることで、一人一人が皆一番になれるのです。他と比べあうという比較を止めることです。他に優ろうとすることを止めることです。他に優ろうというのはどこかで悪を孕《はら》んでいます。他より優ろうとすることが自分より劣る、そして他が敗れる、他が否定される、他が排除され、報われなくなるということを潜在的に含んでいるので、優るためには他が不合格になる、失敗する、そして不幸になるというのをどこかで孕んでいるのです。

やはり資本主義体制の自由主義経済に於ける競争原理が著しく、それは物質的豊かさを求め、そのような科学・技術を作り出し、地球や自然を壊してきたのです。物や自然には命とか心がない、というふうに見なしてきて乱用し、贅沢に走り、少しでも他の人達より物質的な豊かさを持てるように頑張ってきたのです。そして塾が栄えてきました。しかし一方、大学生の学力低下ということも深刻になってきているのです。

二十一世紀以降の学校教育に於いては、価値観の多様性を持たせ、一人一人子ども達の個性を認識し、心から尊び受容し、その子として成り立ち、その子が生かされ発揮される方向で適正ということに重きを置いていきます。個別性ということを、普遍性と共に大事にしていくのです。二十一世紀以降のテーマは、個別性と社会性との調和とバランスです。その双方が大事で、その双方がかみ合うことが大事なのです。個人性にばかり偏《かたよ》らず、普遍性や社会性にばかりも偏らず、その双方がマッチした形でバランスが取れると、健全であり、成り立ち、無理がありません。他との調和、協調性というのも大事です。

日本を始めとするアジアの国々では、もともと集団帰属性というのが強く、個人というものの自覚が少なかったため、自分個人の自由や独立、権利等を主張するということは比較的少なかったのです。ところがだんだん欧米の風潮を受けてきて資本主義体制が導入され、おまけに敗戦が拍車をかけたために、少しでも便利で快適に物質的豊かさを求めるために非常に唯物論的な所に陥り、競争原理に基づいて非常に歪んで心無い、エゴイスティックなシステムを作り出しました。

そのために人間もそのようになってきたのです。それにより若い下の世代ほど個人性が強くなり、他を思いやる心がなく、協調性とか調和ということは考えず、社会に迷惑をかけても一向に平気というふうになってきているのは残念なことです。それは多分に親に責任があります。そのようにして育った人達が親になってきて、そのような思いで子ども達を育てているからです。

これからは心の豊かさ等、もっと優しさとか配慮、思いやり、他を思いやる心が大事です。日本人は共同体に属するという帰属傾向が強いのです。企業に対しても、宗教団体に対しても。家や家系に対しても。そして日本民族ということに対しても。個人のエゴは少ないのですが、しかし見落としてならないことは、共同体のエゴが強く、他の共同体、つまり他の企業や宗教団体、他の民族や国と対立し、摩擦《まさつ》を引き起こしやすいというところです。

このように個人のエゴは少なかったけれども、共同体になると俄然《がぜん》強くなり、共同体のエゴで他の共同体とぶつかりやすいというのが日本人のあまりよろしくない点です。しかし最近は少し風潮が変わってきて、あまり共同体ということを考えなくなり、それが宗教団体を衰微《すいび》させたり、あるいは企業重視ではなく個人重視になってきて、会社にずっと忠誠を尽くす、会社のために懸命に働くということがなくなってきた点です。若い人ほどそうなってきています。

今後の日本人の課題は、共同体意識と個人性との調和とバランスです。両者がどのようにかみ合ってくるかということです。学校教育というのを全体から捉えていかないと分かりません。一人一人の個性が尊ばれ、個人の確立と形成、個の実現と共に社会性や他との協調性ということが見られ、全体として成り立つ連携プレーということの中で個が報われ遺憾なく発揮される、という捉え方や着想がONEの精神で、二十一世紀以降の潮流となっていくということです。

学校に於いても子ども達一人一人の人生目的や適正や能力というものを見てあげながら、心の良さや優れた面も考慮に入れてあげることで、全体として実現させていく方向に向か

ご案内

リーディングとは、ひとことで言えばリーダー（リーディングを行う人）が、アカシック・レコードと呼ばれる宇宙の存在すべてが記録されている世界を読み解くこと。宇宙の歴史・叡智、普遍的真理までを含んだ「生きた波動」にアプローチして、アカシック・レコードを読み取り、質問者の質問や疑問に答えながら、そのできごとや問題の隠れた意志・メッセージを解き、心構えや対策を伝えていきます。その結果、自分を深い部分で認識し、受け入れ、愛することにつながっていくため、すぐれたリーディングは、高度なカウンセリングであり、有効なコンサルティングでもあり、セラピーともなって、現実の人生にすぐに役立つツールとなります。

パーソナル・リーディング

時　間：45分前後（カセットテープ・テープ起こし付）
質問数：4問まで
料　金：一般47,250円（税込）／ARI会員42,000円（税込）
内容例：使命・適職・才能・課題・将来性・瞑想法・自分の活かし方・留意点・前世・カルマ・人間関係・恋愛・結婚・家庭・仕事・信仰・健康・チャクラの傾向など

前世リーディング

時　間：40分前後（カセットテープ・テープ起こし付き）
質問数：1問（固定：私の前世をお知らせ下さい）
料　金：一般39,900円（税込）／ARI会員36,750円（税込）

この宇宙の中で、ひとりひとりがかけがえのない誰とも置き換えられない独自性を持った存在です。それぞれが、より主体的で創造的な人生を生み出し、本来の自分を生きるために、パーソナル・リーディングや前世リーディングは、わかりやすくシンプルな内容で、自分を具体的に把握するお手伝いをしています。すでにわかっていると思っていることを、より深く掘り下げることでさらに明確になったり、自分自身を別の視点から見ることで、生き方の幅が広がっていきます。前世からの課題は何か、なぜ今の時代に生まれてきたのか、使命を知って生きるプロセスで、カルマが解けて、成長が促されます。今のあなたに最も必要なメッセージや前世が語られます。

浅野総合研究所

（Asano Research Institute／略称ARI《アーイ》）

リーディングや講話、教育活動、研究活動を通して、生きた情報をもとに、あらゆる質問や疑問に答える新しいタイプの総合アドヴァイザリー、総合コンサルティングを提供している生涯学習センターです。ARIのビジョンは、ONE―全てはひとつ。ONEとは、総合という意味です。それぞれの違いを互いに自覚し、尊重して認め合い、受け入れあっていったら、私たちは、違いこそを与えあうことができ、一人ひとりがかけがえのないユニークな存在を活かしあうことに繋がります。新しい時代を支えていく愛、そして叡智がONEの法則です。ARIはONEのビジョンという使命を生きながら、Interfaith―心と心を結ぶ架け橋となることをめざしています。

ARI入会のご案内

入会金：5,000円（パーソナル・リーディングをお受けになった日より1年間は入会金免除）

年会費：①…会員／20,000円　②…賛助会員／30,000円
③…家族会員／10,000円　④…団体（25名以上）／10,000円
⑤…学生会員10,000円

会員の特典

- 会報誌「Interfaith」（平均80ページ・B5版）を年12冊送付
- パーソナル・リーディング料金の会員割引（5,000円引き）
- 前世リーディング料金の会員割引（3,000円引き）
- コーチング料金の会員割引（2,000円引き）
- カセットテープなど教材、各種イベント参加費の会員割引
- エッセンス（特別）コースの参加資格、浅野信からの個人指導
- イベント案内情報を郵送

●お問い合わせ

浅野総合研究所

〒185-0021　東京都国分寺市南町2-11-15　伸和ビル3F

TEL：042-328-5838　FAX：042-328-5840

E-mail：asanosou@aol.com

URL：http://members.aol.com/asanosou/arihptop.htm

います。

ONEの曼荼羅精神

質問：二十一世紀に於ける新しい社会人教育の特徴とあり方、留意点と方向についてお示しください。

ソース：学校を卒業してからの社会人教育では、なおのこと今述べられたようなことが実現されていくことが必要です。学校教育はある程度基礎教育であるために、或る一つの型や形式というものがあることが必要です。それに対して社会に出てからは本当に能力と共に心の面の良さと個性を発揮できるように一人一人をよく見てあげて、教育指導してあげるということです。当然使命や生き甲斐ということにも関わってきます。そして人生目的ということに。さらには転生目的とカルマに。

人生目的というところまでいきますと、その人の生まれ変わりを通しての、神様と約束してきた役目とか学び、さらにカルマというものが見られていくことがどうしても必要になってくるからです。単なる適性とか金儲けということでなくて。

今後のスタンスとしましては、何をどうしたらお金が儲かるか、採算ベースに乗せられるか、という観点ばかりでなくて、これからの世の中には一体何が必要なのか、そして自分や自分達の企業、グループの役目は一体何なのかという観点でも見られ、検討され、採用されていくことが必要です。

どうしても資本主義体制は、競争原理を基に利潤追求ということで他を思いやれず、そして全てを物と見なしているので、他人を損ない、他のグループと対立し、そして地球や自然を壊してきて、自分達が生きるのに都合悪くなってきているのです。他の人達に対するばかりでなく、物や自然にも命や心が有ることを深く悟って、自然や物の魂と心が通い合うような優しさと配慮と智慧が必要になってくるのです。そして生まれてきた神聖な目的に沿った自分の生かし方をとること、そのために自分らしくあるということを教えるような社会人教育が必要です。そして他の企業やグループとの共存、協調性です。

形式だけでなく、本当に相手の痛みや願いや喜びを感じられるような心を育てるのです。

他の人達、団体ばかりでなく、物や自然の心と命も感じられる優しさとその感性です。一人一人がかけがえがなく尊いのです。皆必要です。個人も、グループや企業も。そのために心から互いに尊び、慕い合い、認め受入れ尊重し合い、協力できるところは協力し合って、共存、共生の精神でもって、皆が生かされ遺憾なく発揮されることで全体が実現していく。それがONEの曼荼羅精神です。個別性、特殊性もその中で生かされます。普遍性や社会性をベースに。

普遍性や社会性をベースにしないものは根がないため我流に陥り、ただ一方的であったり我欲、思い込みで自分がしたいことをするだけになります。人と人との関わりでは、自分が言いたい事を言う、したい事をするということに対する自制がある程度必要です。相手が何を欲《ほっ》し、何を言ってあげると良いのか、何をその人は欲しているのか、して欲しいのか。それを察知して満たして応じてあげる。さらにチャレンジとしましては、その人自体はあまり欲していないけれども真にその人の必要性や学びを読み取って、それをしていってあげる。最初はその人から反撥《はんぱつ》をかうこともあるかもしれません。でもそれが愛の働きです。

相手が成り立ち、生かされ、学びながら成長して、成り立ちながらもその先に進んで行けるように相手をよく読みとって、関わってあげる。自分ができることをしてあげる。協力し合う。そのような愛の働きが必要になってきます。一人一人が前生やカルマを自覚、認識し、受入れながらそれらを精算しつつそれを乗り越えて成長し、自分が整いながらさらに発揮される方向での社会人教育です。

一人一人を生かし、全体のために益する方向へ

質問：学校制度、教育制度の改革が論議されていますが、どのようにいつ頃変わり、その結果、本当に日本の教育は良くなるのでしょうか。

ソース：これには慎重であるべきです。時間をかけましょう。確かに制度や体制が人の心や方向性を決めるということはあります。その意味で制度や体制という形は大事です。形に応ずるような精神になり、行動も方向付けられるからです。しかし一方体制だけ変える

ということは難しく、それは理屈であり、仮定法です。ある程度人々の心がそのようになってこない限りは、形だけ変えてもあまり意味がないし、元に戻ってしまいます。無理に当てはめることになりかねません。

やはりある程度心が育ってそのようになって準備ができてきた時点で自ずと形の方も、結果としてそれ相応のものに変わっていくものなのです。両方です。形が精神を決めたり、考え方、捉え方や行動を方向付けるというのと、ある程度心がそのようになってきたら体制や制度も変えられるし、それ相応のものに自ずと変わるようになるというのとの両方だということです。

双方から攻めていき、備えていきましょう。各々自分の立場や役目、適性や理想に沿って、自分に何ができるのか、この件に関してもできる限りできる範囲で一人一人が取り組み、誠意を持って当たっていきましょう。

物事はある程度行き着くところまで行き着かないと変わらないところがあるのです。しかしそれは諦めろとか、どうせ無理だとかということを意味しません。難しくてもできる事というのはいつでも必ずあり、それを精一杯果たしていくことが大事で、少しずつは変わり、いずれは大きく様変わりするのです。自分にできる事は何か、自分の役目は何か。立場や状況を見計らいながら取り組んでいってください。

やはり時代様相とか、社会状況というのがあり、それに応じて少しずつ組み替えたり調整をし、試行錯誤を重ねながら試み、その中で体験を通して貴重な教訓を学び成長を遂げていきます。あと五年、十年、十五年ぐらいかけてより良いものが作り出されていきます。そして人間とはそもそも何ぞや、ということが問いかけられる必要があります。哲学的な問いかけというよりも、もっと科学的な問いかけです。学問や科学も、もう少し唯物的な捉え方から裾野《すその》を広げていくことです。

今後職業も多様化していくことでしょう。そして本当に一人一人の人間や物や自然を生かす方向での働きや職業というものが、大事になってきます。それに反するようなものはあまり通じにくくなってくるし、できるだけ自分の人生目的に沿って、自分を生かしながら他者の役にも立ち、地球や自然を良くし、全体のために本当に益する方向で当たっていく、その方向で各人を備えていくのが教育であり、学校教育制度はそれに合うようなシステム作りに取り組んでいきます。やはりまだ十年、二十年はかかるでしょう。といってもそれまでは全然無理ということではなくて、今からできる事を着々と行っていくという意味です。

聖なる目的と使命をもった価値ある存在

質問：青少年犯罪はますます多発する様相を呈しています。ネグレクト（無視する）と呼ばれる親の養育放棄も顕在化してきております。知育偏重の教育から愛の教育への過渡的移行期をどのように教育関係者は取り組めばよいのでしょうか。具体的対策も併せてお教えください。

ソース：価値尺度がどこか歪んでいて、一面的、表面的なのです。やはり将来的に愛の面、あるいは個性、尊重という方向でただそれを心で認めて評価してあげるというだけでなくて、形の上でもそのような面を評価して、将来的に保障してあげられるような構造やシステム作りに取り組むのです。まずは心の面でそのような子ども達一人一人の個性や性格の良さ、愛の面、心や魂の面、そして技術の面でも見落としがちなところをちゃんと先生は気付いて、心で是認し、あったかく受け止め理解し、評価してあげるのです。まずは心の面で。

そしてそれを応援してあげます。認めて評価して信じて、受け入れて大切にしてあげます。個別対応です。先生も、子ども達一人一人を洞察する目が必要になってきます。学校の試験の成績だけで子どもの価値とか将来性を見たり、えこひいきしてはいけません。「この子は優れていて将来性が高い」、「あの子はダメだ、どうしようもない、悪い子だ」などというレッテル付けを先生がするものではありません。一人一人、皆かけがえのない価値があり、価値は同等なのです。

神が一人一人同じ価値がある存在として創られ、そして一人一人に聖なる目的と使命があって生まれてきているのです。多少今は問題があっても、もっと奥底では価値があり、将来性もあり、目的があって生まれてきたのです。多少問題や課題が今はあっても。必ず別の尺度を導入すると、どうしようもない子や役立たずに見える子でも、輝くものがあり、将来性があるのです。

そのような捉え方や見方を先生は培《つちか》っていって下さい。そうすると大分先生自身の意識が広範囲に及ぶようになり、柔軟にもなります。一つの自分の観点だけで一方的に見るのではなくて、別の側からも見てみること。先生は子ども達一人一人の全体を平らに見ていってあげること。一人一人の子ども達には確かに問題点や課題、悪い癖、弱点、限界等があるのでしょう。しかしそればかりでなくて、その子の良さや優れたところ、可能性や独自性というのもあるものです。それらのそれぞれを認識し、評価、尊重し、受け止め、全体を平らに正しく評定できることが教師に求められているのです。

将来的な使命としては、その子にしかできないことというのが待ち受けているのです。皆が各々、それに取り組み、そして他の人達の、その人にしかできないことも見据えて、お互いに心から尊び受入れ合い、協力できるところは協力し合って全体が成り立っていくのが将来的なビジョンです。その方向で先生も子ども達一人一人が本当に心から尊い、見込みがある、使命があって出てきている・・・ということで、表面の今の問題や課題だけで全体を結論付けて、良さまで損なうような事をしないことです。そして子ども達の親、あるいは子ども達を見ている大人の人達との交流も必要です。

霊の交流・一体感

質問：二十一世紀に於ける新しい性教育の特徴とあり方、留意点と方向についてお示しくださ い。

ソース：子ども達はかつて大人でした。大人達はかつて子どもでした。子どもとか大人とか、男であるとか女であるとか、親の立場であるとか教師の立場であるとか、児童や生徒の立場であるとか、そのようなものは絶対的ではないということです。といってそれらの立場や互いの関係性や役目が、軽んぜられたり損なわれていいというわけでもありません。ただそのような関係性や立場というのは、絶対的なものではないということです。それゆえ、子どもを子どもとしてしか、あるいは女の子を女の子としてしか、また男の子を男の子としてしか捉えられないのは、全貌を見失い、良い面を損ないかねません。

人間はあの世とこの世とを行き来しながら輪廻《りんね》転生《てんしょう》してきている生命です。転生の目的は霊的成長にあり、この世はそのための場であると言ってもよい面があります。その中で男になったり女になったり、それぞれ体験してきているのです。今子どもでも前生では大人だったし、お年寄りを体験してきている立派な一人前の魂です。

教師の見える限界というものに気付くべきです。親もそうです。その子独自のものがあるのです。性別は大して重要ではありません。あまりに性別を強調するようなものは考えものです。確かに性の特徴や役目、大事さというのはあります。それは尊ばれねばなりません。でもあまりに性を強調し、それを絶対視しますと好ましくないということです。ともかく今は子どもでも、前生では大人も体験しているわけですし、別の性も体験してきているのですから、性教育ということに関しても、一面だけで、今のあり方だけで固定化して見ずに、子ども達が広い視野で見られるようにしてあげることです。

人間は肉体だけの存在ではありません。魂、さらには霊があり、心といっても肉体にひっついた肉体の延長部分の意識や心だけではなく、肉体が停止したり滅んでも引き続き存続し、働きを為す、肉体から独立した、むしろ肉体を統御して、肉体を創造する魂や心があるのです。肉体はその人の魂が造り出した乗り物です。肉体がその人であるというわけではないのです。

人間の本質は霊であり、その霊が魂、さらには肉体を作り上げています。生命は永遠です。神聖な存在です。物や自然さえ、命や魂が宿っている聖なる存在ですので、大事にしないといけません。そのような認識に立って思いやりの心が育ち、ただ生きていて金儲けをして、快適に暮らし、贅沢に暮らすことを目的とせずに、聖なる目的があって生まれ、カルマを果たし、レッスンを学んで成長し、完成を目指している。そのような大きな神のご経綸の中で霊界、神界と顕界とを行き来しながら人は成長を促され、求められているのです。

親子になったり、あるいは女性に生まれたり男性に生まれたりも、聖なる目的があるのです。そのような奥深い、あるいは高い、包括的な認識に立った上で性のことも捉え、教育していくことです。そうでないとただの性教育だけでは非常に肉体レベルに終始し、却って弊害を伴い、危険性があります。性はそのような一こまとして位置付けられ、神聖で大事なものとして取り扱われるべきです。生殖を単なるセックスとして見ずに、本当に肉体だけでなく魂、さらには霊の交流や一体感ということで、愛の理解と成長を目指し、そのような中で性も与えられているという認識が必要なのです。性を道具のように見てはいけません。生命エネルギーの傾向を自己内でも相手との関わりでも総合化させる方向での表示として、性があるのです。

一人一人皆同じ人間

質問：二十一世紀に於ける新しい福祉の特徴とあり方、留意点と方向についてお示しください。

ソース：まず福祉というのが、いわゆる福祉の分野に限られなくなり、福祉がもっと一般化し、広範囲に及びます。それが本来の福祉だからです。といって、いわゆる福祉という一ジャンルが軽んじられたり消えるというわけではないのです。いわゆる福祉という一ジャンルも今後とも大事です。それには役目があり必要だからです。軽んぜられてはいけません。

しかしながら本来の福祉というのはもっと広く一般的であり、ある特殊な一ジャンルではないということです。例えばお年寄りや小さな子ども達、あるいはお身体が不自由な方々、等のためだけが福祉ではないということです。もちろんそれは大事で軽んぜられてはいけないことなのですが、しかし一人一人皆同じ人間ということで対等であり、一人一人の福祉社会の実現という方向で、奉仕的に思いやりをもって、一人一人が育まれ成り立ち、各自がその人らしく生きていけるように適時応じていくということです。

一つの世界をなす霊界と顕界

質問：二十一世紀に於ける新しい老人介護の特徴とあり方、留意点と方向についてお示しください。

ソース：やはり輪廻転生ということが今後はベースになることが大切なのです。人は生まれ変わるのです。それは宗教的な迷信や、坊さんの「悪い事をしてはいけない、良い事をしなさい」という因果応報のための方便的な、人を律する道徳の教えだけではなかったということです。実際人は生まれ変わるからです。ということは生命は永遠であり、霊的成長のためにカルマを果たしながら進化を遂げるのが転生の目的、あるいは必然性です。そのため、お年寄りになっても終わりではなく、死後の世界があり、霊界が待ち受けています。そして霊界と顕界とは相互の関連性があり、表裏一体をなす一つの世界です。

ご供養ということもやはり大事なのです。ただの形式ではないのです。宗教ということももっと一般化していくことが必要です。各セクトを守るだけではなくて。団体にも目的や意義はあるのですが。お年寄りになって亡くなる、しかし霊界に移行するだけです。そしてまた時期が来た時に赤ん坊として再生するのです。そういうことを見ないといけません。ということは今赤ちゃんである子ども達は、少し前は霊界にいて、その前はお年寄りだったということになります。お年寄りをお年寄りとしてだけ見ないことです。そこで生命が終わると見ないことです。自分もいずれお年寄りになるということをも知ることです。

さらに前生では自分もお年寄りをすでに体験したことを知ることです。そうするとお年寄りをお年寄りとしてだけ見なくなり、他人事《ひとごと》でもなくなります。特にお年寄りだけを限定して特殊化して見る必要はありません。生命は永遠であり、皆が最後まで学び続け、成長を続け、そして何らかの形で社会に寄与し、自分を生かして自分の価値を実感できるようにしてあげられるのです。

最後まで働けという意味ではありません。その時その時に応じた学び方や働き方、楽しみ方があるからです。そのように適時対応で柔軟に多様なシステムを作る、柔らかくて優しい社会が待ち望まれています。それと、いろいろな世代間で交流する。お年寄りだけ集めないで。いろんな世代の人達が混じるということが大事です。お互いのために。

† 第四章

新世紀の医療・科学

人間は肉体ではない

質問：二十一世紀に於ける新しい医療の特徴とあり方、留意点と方向についてお示しください。

ソース：これまでの医学の特徴は、非常に唯物的《ゆいぶってき》であったということです。医学もまた全体の風潮や捉え方の唯物性、一面性を持たざるを得なかったということです。それはいたし方ありません。全て全体の中の一コマだからです。時代精神というのも受けます。例えば別の例を出してみますと、宗教や精神世界であっても日本の中で今の時代、資本主義体制の影響を受けざるを得ないし、どうしてもそういうものになるわけです。しかしそれは一概に悪いということでもなくて、まずそれを自覚し、ただそれに振り回される、あるいはそれを利用するだけでなくて、ある程度それに応じながらしかし、単に迎合《げいごう》したり利用するのを越えて、それを改善したり、その中でより良くその体制を生かしながら共存し、弊《へい》害《がい》を除去、あるいは解決させつつ進んでいったり導いていくということを、今の時代の中で行うということをするのです。

医療とて同様です。人間を肉体としてしか捉えていません。物としてどこか見ているのです。それは科学全般の風潮です。確かに生命科学などという分野はあるし、心理学もあります。けれども、やはり唯物的なのです。心理学で言う「心」とか「意識」といってもそれは肉体の一部であり、あくまで肉体の延長部分にしか過ぎないという捉え方で留《とど》まっています。確かに肉体の延長部分としての心や意識の働きというのはあるのですが、しかし人間にはそれだけでなくて、知覚能力にしても、肉体の五感による知覚能力だけではないし、まして認識能力や意識の働きというのは、肉体から独立して自由な、むしろその肉体を創造さえしている魂、そしてもっと本質の霊というのがあるのです。そのため肉体が滅んでも引き続き心や霊は維持存続し、肉体の滅びる影響を受けることなく、霊界に赴《おもむ》き、霊界である程度過ごした後、また別の肉体を魂は造り出し、それを纏《まと》い、次の生を生きていくことになるのです。

今三十六歳だとか、二十二歳だとか、あるいは五十四歳だとかいいます。しかしそれは絶対的な年齢ではないのです。単なる肉体年齢に過ぎません。本当は誰でも何万歳も生きてきたのです。三十六歳どころではありません。何万歳、なのです。しかも誰でも。そのことにまず認識をいたすべきです。もちろん医学は科学ですから、このように言われたからただ「そうですか」というわけにはならないのですが、でもそのような事を軽んぜずに、それを仮説として立ててその方向でまずすぐに検証されなくても、臨床の面では応用していけるわけです。

人間は肉体ではありません。魂、さらには霊なのです。肉体は魂が造り出した物です。この世や人間は、この世や人間だけで成り立っているのではありません。あの世や霊、あるいは神、他の霊的存在との関わりで、神のご経綸《けいりん》に沿って成り立っています。霊の世界との共存、さらには自然、万物との共存ということがこれから必要になってくるのです。医療もその方向で人間を捉え、扱い、そして治療に専心し、医療の使命を果たしていくことです。肉体ばかりでなく、心や魂、さらには霊がある。そしてそれら各々には個人性と社会性、すなわち実存性・個別性と普遍性・共通性との両方があるので、個人性だけ満たしても社会性だけ満たしても片手落ちでうまくいかないこと。あるいは肉体だけ認めて肉体だけに治療を施《ほどこ》すのでなく、魂や心、さらには霊も見て対処していくことが必要だということです。

ホリスティック医学というのが少し前から始まっています。それは先駆けです。ただし今の現状のホリスティック医学ではまだまだホリスティックと言ってもそれはあくまで肉体領域に限定してのことであり、魂や霊ということは見ていません。心身医学、精神身体医学、という分野もありますが、それもやはり肉体を見て、肉体に関わることに於いてのみの精神や心、意識に過ぎません。心理学にしても同様で、心を科学するといってもやはり唯物論的に捉えているところに留まっており、例えば夢分析や夢を活用する方法にしても、また同様です。その線を越えるとオカルトだとか精神世界だとか、やれ宗教だとかと呼ばれ、非常に好ましくない、非科学的で迷信まがいの、呪術《じゅじゅつ》性の強い、信頼の置けない、低いレベルのもので、うさん臭いものなどと片付けられてしまうのは残念なことです。

今後は霊的な目覚めと、そして霊的な成長ということが伴わない限り、人類はうまくいかないし、病も治らないということに気付くべきです。よく「病気にかかった」などと言いますが、病気にかかったのではありません。確かに表面的に見ると、つまり現象レベルで捉えると、病気にかかったと言えます。ところが実際、もっと奥深い因果関係や理由を追っていきますと、本人が病気を作り出しているのです。ちょうど肉体を魂が創造しているように。生きている間同じほぼ形態をとり続けられるのは、魂があって、それを行っているからです。また遺伝の法則にしても似たようなことが言えます。いかにも遺伝の法則が働いているように見えます。確かに現象レベルでは働いていて辻褄《つじつま》が合っています。でも真相はというと、辻褄を合わせているのです。だからそのように思い込まされているのです。科学さえも。

親子はなぜ似るのか

遺伝の法則により親子始め身内は似ているといいます。遺伝の法則が働いているからというのです。ではなぜ遺伝の法則が働くのか、そして親子が似るのかという説明にまではなっていません。そこまでは問い掛けないのが科学です。それ以上問い掛けるとそれは哲学や宗教の領域であり、埒外《らちがい》だというのでしょう。けれどもやはり意味とか実存、さらにはもっと普遍的な真実というものを見据えていく時に、科学ももっとそのようなものを取り込んでいかないといけません。そうしないと結局、病も治らないのです。

病の使命というのがあります。病気の目的というのがあるのです。ただ病気になったというのではないのです。やはり病気になった理由というのがあり、それは単に偶然とかこの世的な現象レベルでの因果律《いんがりつ》だけでは説明しきれない、もっと奥深いわけがあるのです。本人の魂を浄化させ、気付きを与え成長を促す一環として病が発生するのです。また前世からのカルマというのも病に多分に関わっていますし、あるいは霊界の存在の憑依《ひょうい》ということも場合によっては関わっていることもあるのです。そうすると今の医学だけでは治せないのです。

先ほどのことに話を戻しますと、親子だから似ているというのではないのです。似ているから親子になったのです。遺伝の法則は辻褄を合わせているに過ぎません。もっと根底のところで、精神的な法則が働いていて、本当は親に似ているというより、前世のその人自身に似ているわけです。そして前世の自分を予定通り表わすために、似たような共通因子のある魂を親として選定し、そのもとに子どもとして宿るのです。そうであるからこそ当然遺伝の法則の辻褄も合っているわけです。合っているだけにややこしいといいますか・・・。惑わされてその奥が見えず、その奥を探究しようという意思がありません。別にここで精神主義を標榜《ひょうぼう》しているのではないのです。これからも医学の役目というのはあります。

待ち望まれる治療の連携システム

肉体に原因があるところは今後とも医学で治せるし、今の医学だから治せるという面はあるのです。例えば単純に或る菌が感染したとか、あるいは骨折したとか、どうしても手術して切除した方がいいとか、そのような時などは今の医学の担当です。しかしそれだけではなくて人が不調になったり病気になった時は霊障《れいしょう》というのがあったり、本人自身の前世のカルマが表われ出たり他者の想念を受けたり、あるいは本人の心がけがまずかったり、いろいろ他の理由もあるということです。

中国には古来から漢方医学というのがあり、気というエネルギーを認め、それを操作して治療にも役立て、応用してきています。そうすると現代の医学では治らなくても、例えば気功治療師さんが行うと治るということはあり、今の医学ではほとんどお手上げ状態でも、例えば気功を使って治療しますと歯の痛みが取れるとか、身体が全体として和らぐということは実際認められてきている事実です。お医者さんもそのようなことに心を開き、謙虚になることが必要なようです。

しかし今度はまた気功治療で全てが治る、今の医学は要らない、唯物的過ぎるからなどというのもまた別の極端です。やはり各々があって初めて全体が成立し、総合対応が可能となるのですから。各々自分の立場や良さ、正当性ばかり主張するのでなく、他者の役目や良さ、優れたところをも認識し、心から尊び受け入れ、協力できるところは協力し合う、そのような連携システムが今後待ち望まれるところです。そしてこれまでは科学的に扱ったり証明したりしようとしなかった、もっと奥深い分野にも向かって行くべきです。

今の心理学や精神医学、あるいは心身医学にしてもまだ唯物的過ぎます。もう少し裾野を広げるべく科学の枠内にありながら科学の枠を慎重に科学の方向で拡張しつつ、それらを応用し役立てていくとか、あるいはせめてまずはそのようなことを行っている所にも目を留め、そして病院で治らないところはそのような所に送り込むとか、あるいは逆に民間治療とか気功治療、あるいは霊的な治療、心霊治療とかで治らないところは病院に移すとか、そういう連携が今後は必要になってきそうです。

やはり霊まで認めませんと、実際は治らない場合が多く、表面的な対症療法で終始しかねません。そして霊的な成長ということが求められていることです。あるいは浄化などです。そのようになってきますと自ずと宗教と科学も近づいてきます。何百年か前に全体の流れの中で宗教から科学が分離独立し、医学もその中で科学の方向で発達を遂げてきたということを一概に否定はできません。一度は切り離すことがよかったのでしょう。でも限界も見えてきていますので、しかしいいところもあり、実績もあげてきているわけですから、そろそろ科学の方向でもう少し宗教や呪術、儀礼などで扱ってきたところにも目を留め、それらの良さと使命、優れた所などを見、医学の中の欠陥や弱点、無視してきてしまったところに謙虚になりながら、慎重に他の関連分野にも目を留めて少しずつ拡張していったり連携体制を取っていくということが、本当に患者さんや人間のためになります。

失敗した自己表現「病」

お医者さんや薬が病気を治すわけではありません。本人自身の自己治癒能力が治します。もう少し宗教的な言い方をすれば、神様がその人を治すのです。お医者さんや薬はきっかけ、お手伝い役に過ぎません。お手伝い役というのは軽んじた言い方ではないのです。実は人間が人間にできる事というのは皆、お手伝いまでなのです。そして本人が治ろうとする意思がない限り、どんなに周りから手を尽くしても限界があります。もちろん周りにできる事というのは残されています。それは軽んぜられてはならないことです。そしてお医者さんや薬ばかりでなくて、身内や家族の人など、その人を本当に思っている人が例えばスプーン一杯のスープを飲ませてあげるとか、心を受けとめてあげる、身の回りの世話をしてあげるとかなど、そういうことが軽んぜられてはなりません。そして何よりも本人自身が病《やまい》を機に成長し、治ろうとしない限り、被害者意識を脱しない限りは難しいのです。

ともあれ病とは失敗した自己表現です。どうしても最後に肉体にそれを出さざるを得なくなったということです。日頃少しずつ発散したり適切な表現を与えられてエネルギーを解消できれば、済むものを、それができないとストレスが溜まり、恐れや悲しみ、罪悪感等に陥ったり、あるいは被害者意識に陥り他者を恨んだり等しますと、内に溜まってきます。否定的なエネルギーが。そしてそれを夜ぐっすり眠っている間に夢の中で解消できれば済むのですが、それで解消し切れないと翌日に持ち越します。そうすると最後は肉体にそのマイナスエネルギーを自己表現せざるを得なくなります。それが病気の症状というやつです。したがってその人の内面にある否定的なエネルギーを、極めてシンボリックに、病気の症状というのは各々表わしています。それゆえ今後の医学では象徴言語ということについて深く洞察していき、それに応ずるカウンセリングのようなものが必要になってきます。

治してもらうという一方的な関わりで患者さんはお医者さんに望むのではなく、自分で自分を立て直す、自分で自分に気付いてそして自己認識と成長の一環として、病をいわばテキストとして使い切っていく・・・そのような自己教育の流れに医学も乗ることでしょう。

三つの体を持った三重構造からなる「人間」

質問：人工的にクローン人間など、人の生命や他の生命が造られたりすることは、人類にどのような影響をおよぼしていくのでしょうか。

ソース：医学と倫理ということが今後ますます重要になってきます。人間がしていい事としてはいけない事とがあるのです。もっと人間や生命を聖なる存在として捉えることが必要です。どうしてもこれまでの科学は例えば物質にしても自然に対しても単なる物、道具、手段として見なし、適当に実験したり利用したり使いたい放題使って、後は皆捨ててしまう。そのように要するに物や自然には大切な命が宿り、心があるとはとても見なしていないわけです。人間に対してもそれが及んでいます。

著しい例は外科手術です。まるで切り貼りするようにして都合が悪い所は切って除去する、取り除けば済むという発想です。これまでの風潮です。教育に於いてもあるいは家庭の中でも、問題児や困った子は排除する、いない方がいい。一方でエリートを選出し、寄せ集める。そのような発想です。極めてアメリカ的です。もちろんアメリカ精神の良さや優れたところ、その役目もあるのですが、そのような欠陥や問題もあったという意味です。ともかくそのような捉え方や発想の下《もと》、その方向で取り組んできていますので、医学に於いても例えば腫瘍《しゅよう》ができたらそこを切り取れば済むという発想です。

しかし体は全体で一枚岩なのです。そして魂や霊の身体もあるのです。微細身がアストラル体、原因身がカラーナ体です。人間は肉体とアストラル体とカラーナ体と、この三つの体を持った三重構造を成しています。そしてその各々に身体《しんたい》と共に心があり、さらにそれらが個人性と社会性、個別性と普遍性の両方を兼ね備えているので、それらの各々が満たされて互いに調和をもって、しかも全体として成長進化していかなければ、病気というのは止みません。もともと病気が発生するのはそのような全体像を正しく捉えていないため、どこかを補っていなかったり無理があったりアンバランスであったりなどの為です。成長を心がけていないと、シグナルとして病気が出てくるわけです。それゆえ全体として見て、どこが欠けていてどこが行き過ぎなのか、どうすると良いのか、その観点で見ていき、そして対処していくことが求められていきます。何か実験したり物を操作したりということが、人間にまで及んでいるのです。

生命科学とかといっても、本当に命として生命を、人間を捉えていないのです。ですから平気に行っていけない事まで行っているのです。ちょうど政治が宗教を切り捨てたように、医学は一刀両断、宗教を切り捨てました。それによって最も大事な精神と価値あるものを失い、それが警告としていろんな問題を発生させてきて人類はそれに直面し、困っているのです。やはり医学の領域でもっと神聖さが問われます。ところが医学の道に進む人は今の体制や制度からすると、エリート中のエリートです。そのためある意味では一番そのようなものが欠けた人達が集まっているところで、本来一番神聖な事に対する敬謙深さとか謙虚な心が必要であるのに、最もそれを軽蔑したり否定して勝ち抜いたエリートがお医者さんになっているのは非常に矛盾した体制です。といっても今のお医者さんの皆が皆そうだというわけではありません。心あるお医者さんも多いのです。

これからは本当に全体を見られ、本当に賢い、人間的にもバランスの取れたお医者さんが求められるようになります。そのような人を医学部では、そのような方向で教育すると良いし、まずもってそのような資質と、その方向での役目と見込みのある人がお医者さんになれるような学校教育や受験体制にすると良いのです。そのようにしていけばよもやクローン人間を造ろうなどという発想もわかないでしょう。また、宇宙の摂理と霊魂体から成る人間の多重構造、霊界の仕組みなどを知れば、尚更です。

生命の倫理

質問：臓器移植で自分以外の遺伝子を組み込んだり、生命を維持するという人工的に人の生命を変えたりする非倫理的な医療を続けると、この先人類はどう変化し、進化していくのでしょうか。また遺伝子的にはどうなるのでしょうか。

ソース：やはり唯物的表面的に、現象レベルだけで追っていますので、他のことを考慮に入れる余地がなく、そこだけを操作したりいじくったりするということしか念頭にありません。あるいはそれで博士号を取ろうとか、実績をあげ評価を得てそれで生きていこうとか、そういう魂胆が一部にはどうもあるようです。もちろんそうでない、純粋な研究者や医学者もいっぱいおられるとは思います。でもそうでもない方々もおられるようですので、このように役目上述べるのです。

もっと人間を全体として捉えられ、奥深い洞察が高まり、その全体で初めて一個の生命存在としての人間があるということが解ってくれば、そういう発想や取り組みは起きないはずなのですが・・・。やはり掟《おきて》というのがあり、人がどこまでしていいか、どこまですると良いのかという、限界といいますか、線があるのです。許容範囲といいますか。それがどうも分からないようです。能力至上主義で来ているからです。お医者さんに限られません。社会全般の風潮です。そうすると実はとんでもないことになり、気づいてみたら時すでに遅しで、結果的に悪を犯し、生命の倫理に反するようなことをしでかしていたということにならないとは言い切れません。

そういう意識状態や捉え方、方向ですと、科学者になればそのような実験を、あるいは治療を平気で行えてしまう。それは平気で人を殺すようなカルト教団と実はとても似ているのです。あるいは一旦、そのような人が教師になれば、いわゆる一律の価値基準の中で、出来の悪い子に対して差別したり区別したり軽んじたりなど、そのような扱いを教師として子ども達にしてしまうのです。非常に惨《むご》く冷たい処置です。しかし惨いとか冷たいとかという自覚がありません。たとえあってもそれで構わないとどこかで割り切っています。そういうのが最も深い現代の病根だということに気付かないといけません。

平気で悪い事をしてしまう、悪いと気付いていない、気付こうとするつもりがない、薄々感づいていてもそのまま続けてしまう、そういう意識状態を作り上げた現代に一番の深刻さがあります。それは地球環境問題にも言えることです。教育にも医療にも。さらに宗教にも。皆どこか共通した深刻な課題を孕《はら》んでいる。それが現代の様相です。表に現われ出ている遺伝子とかＤＮＡ、あるいは臓器・・・等を機械の部品のように交換するという発想はいかがなものでしょう。もちろん医学のチャレンジというのはあって、していい事、するといい事というのはあり、何も医学が宗教になるとか、先祖返りを果たすことをここで勧めているわけではないのです。積極的であるべきところは今後とも積極的意欲的であってほしいのです。

今のエリート階級の人達は手を合わせたり、心からお辞儀をしたり生命を敬《うやま》ったり、物や自然を拝んだりできるでしょうか。それがもし素直に心からできないとしたら、それは非常に危険で問題を孕んでいます。例えば戦争にしても集団で人を殺します。普段ならとてもそんなことはできないし、やってはならないことだと分かり切っているのに、でも戦争になると何か大義名分のようなものがつくので、できてしまうし犯罪にもならないのです。しかしある意味では個人対個人の殺人犯罪よりもっと悪です。もし医学という名目の下《もと》に非常にとんでもないことをしたとしたならどうでしょう。そのようなことも念頭に置いてください。そしたら襟《えり》を自ずと正すことになり、全体を見据えながら、どこまでどうしたら良いのか、それが分かってきて自ずと方向変えをしたり心をもって真剣に取り組むようになることでしょう。

本当の心思いやる精神を

質問：真に患者の人権と生命の尊厳が重視される医療実現への道をお示しください。

ソース：やはりどこか物として人間を扱っているところがあるのです。道具のように。二十世紀は道具主義だったと言えます。非常に物の方に傾いた、唯物的で傲慢《ごうまん》な、思い上がりの激しい世紀でした。二十一世紀に入ってもそれはまだ及んでいきます。悪の行いが止まず、むしろますますエスカレートしています。そろそろこの辺で見直して歯止めとし、方向変えをしないと命取りになりかねません。それを乗り越えて正しく対処してこそ新世紀以降をすばらしい時代とし、本当のあるべき世界と豊かさが、そして幸せ、安全がやってくるのです。

お医者さん達に本当の心や思いやり、謙虚さ、一人一人を尊《とうと》ぶという精神が求められてきています。まずその辺りからでしょう。その上で自ずと制度や保障システムもそれ相応のものに組み替えていけるようになります。そして調整することです。

相互理解と完全化・全体としての使命

質問：医学・医療と宗教の融合・統合していく可能性は二十一世紀にあるのか、お教えください。

ソース：宗教と医学は統合する方向に向かうとよいのです。そのためには医学の方も宗教の方も、改めるべきです。両方です。双方に問題と課題が残されているからです。そうしないと統合は成されないし、どちらかに欠陥や問題、歪みがあったまま統合したら、不完全なものができあがるだけで、それでは必ず混乱と問題を発生させてしまいます。やはり宗教も医学も謙虚になって、他の関連分野に目を注ぐことです。一見無関連の分野に見えてもです。無関連と見ること自体が思い上がりであり、見方が浅く狭いのです。一面的なのです。主観的なのです。

学問や科学もそのような難点を免《まぬが》れてはいません。そして科学や学問といっても非常に感情的、一方的で愚かさを宿《やど》しているのです。何か学問とか科学といいますと、いかにも賢く理性的客観的で間違いがなく、無事安全に見えますが、そう見えるところが逆に非常に危ないといえます。ここで学問や科学を全面否定しているのではないのです。ただ社会の風潮では宗教とか精神運動、あるいは民間の活動など、そのようなものを危険視したり軽んじたり排除する傾向が強く、それらを保障したり評価したりするシステムになっていません。それに対して公的な機関や社会的な資格を得た事柄に対して、あるいは学歴とか社会的な経歴、その方面での実績など、そのようなところでのみ評価したり優遇したりそれを保障するような体制やシステムなのです。

そして何よりも今は宗教が地に落ちた代わりに学問教、文明教、科学教といういわばエリート宗教が取って替わっているのに気付くべきです。これはある意味で宗教や呪術、オカルトよりも危険です。そのような自覚がない分。そして良しとしてどこか傲慢なのです。しかしそれらを全面否定しているのではなくて、やはり学問や科学の良さや優れた面、そして使命というのがあって、そうであるからこそこのように言うのです。良くなるために。今の時代は例えばお医者さんとか学校の先生、政治家、弁護士さん、あるいは警察官とか、国家公務員の人、あるいは宗教的なことに関わっている人など、そのように世間から「先生」と呼ばれ優れて立派な方々で、教えを与えるという立場にある方々、人々から教えと指示を請《こ》われるという立場の方々からして、真っ先に悪を平気で行っている。そして一般の人達や弱者に対して権力や職権を特権として乱用している。そのようなことが一部に見られる風潮です。（もちろん、すばらしい立派な先生も多いのです）。

そのようなことが改められていくことが必要です。しかし皆人間ですから、過ちは犯します。過ちを犯すことは問題ですが、それ以上に問題であり、また大事なことは、その後どうするかです。そこでその人の人間性や程度が表われるからです。同じ人間ですから、誰しもある程度過失や不手際《ふてぎわ》を起こすのは止むを得ません。しかしその後が大事です。その後どう出るか。どうするか。頭を下げても、心から頭を下げていない。どこかで言い逃れをしたり自分の方だけ守ろうとしている。そして体裁《ていさい》だけ取り繕《つくろ》ってできるだけ免れようとしてはいないでしょうか。そういう風潮がどうも著《いちじる》しいようです。確かに人間共通の弱さというものや性《さが》、というのはあるのですが、少しずつ皆相互理解と相互尊重の下、互いにサポートし合い、各々が成長して困難を乗り切ってお互いのためになるような関わり方をしていきましょう。

宗教と医学も各々自分に欠けたところ、また自分のところの持っているところや役目というのを見据えながら互いに相手を認め理解し、自分のところをより完全化し、全体としての使命が全うされる方向で向かっていくと良いのです。

今こそ本当の心ある指導者を

質問：環境病、癌とエイズの今後についてお示しください。

ソース：環境病としては例えば皮膚癌、肺癌などが増加してきているとか、あるいはアレルギー性疾患《しっかん》としてのアトピーや花粉症は代表的です。空気の汚染、あるいはオゾン層の破壊により有害な紫外線が地上に達してきていること、その他の理由に基づきます。今後環境病がますます深刻になっていきそうです。早く手を打たないと命取りになりかねません。今後四、五年ぐらいの間にエネルギーの革命が起きないと、取り返しがつかなくなります。しかしそこを切り替えられて、うまく乗り切れれば何とか持ちそうです。予断は許さない、危険を孕んだ今の時期ですが、何とか乗り越えましょう。

実際に対処していくということと、皆が全体のため、相手のためにお祈りしていくことと、一人一人が霊的成長を遂げていくこと。そして思いやりを持って命を感じられる感性を養うこと。霊的な理解を持って生き、霊の世界との共存、そして自然や物の世界との共存をし、本当に物や自然を大事にできる優しい心、そのような資質を培《つちか》っていくことが今後とても大事になってきます。そして一人一人が欲望や利己的な愛を自制し、コントロールでき、慎ましやかに暮らすこと、それで満足、充足できるようになること。エネルギー消費量を控えること。そして食べ物や水を他の国々の人達と分け合う精神です。そして木をあまり必要以上には切らないようにすること。自然をあまり乱用しないことなどです。

どうしてもこれまでの生き方や捉え方、体制ではもはや通じないということを人類は思い知らされるでしょう。すでにそうなってきています。そこで暴走を食い止めることができ、心を改めて方向を変えれば何とかいきそうです。ここ四、五年がとても大事な時です。社会体制、あるいは思想の面で、また一方水や食糧不足等に於いても二〇〇三年から七年ぐらいが危機で、下手をすると争いや奪い合いになりかねません。あるいは思想的な対決とかイデオロギーの紛争とかです。ここで霊的な面でもこの世的な面でも調整のつくのが求められることです。

それがうまくいけば環境病はだんだん減っていきます。そしてやはり自分を霊、魂、体、各々に於いて浄化し、育成していくことです。そして自分に応じた食べ方やライフスタイルを取ることです。そして罪悪感を持つのもあまり好ましくなく、人を責めるのと同様、自分を責めるのも好ましくありません。優しさが大事です。他への思いやりと配慮が。

今後二、三年はエイズが増加する傾向が見られ、予断を許しません。すでにある地域や国々ではエイズによって人がどんどん亡くなっている現状です。今後それが増える傾向にあり、それが日本にも及ばないとは限りません。よくお祈りしたり、現実にも対策を講じていってください。危機の時というのはチャンスであり、成長を遂げることを求められているのです。今は時代が変わる転機だとも言えます。追い詰められることでお尻に火がついたようになり、真剣になって悔い改めたり心改め、生き方や考え方捉え方を正すことができる時なのです。

預言者は、いつの時代でもそのような時に現われます。真の教育指導をする人が求められているのです。自分のセクトや自分のためにだけ行うのでない、本当の心ある指導者が。それは各方面から出てくる必要があります。各分野、各方面、各地域から。各々役目を持った人達が。そのような人達が人類を次のレベルへと誘《いざな》い、導いていき、人類はシフトするのです。病気はそのための手続です。癌も、心改め食べ方を変え、ライフスタイルを変えるために発生してくるものです。エイズは、主に性への捉え方の問題、性の誤用、氾濫に対する警告であり、それを抑制し、正すためです。性は聖に本来通ずるものなのです。性は愛の問題に帰着します。

良識に裏打ちされた科学

質問：二十一世紀に於ける新しい科学の特徴とあり方、留意点と方向についてお示しください。

ソース：愛と魂、心や命を認め、それらを心から尊び、それらを考慮に入れた科学と技術です。ただ物として見なし、それを乱用したり利用するだけの科学ではないということです。科学にも温かな魂がこもり、本当に優しい心を育むような良識に裏打ちされた科学になることです。

第五章

新世紀の地球環境

人間にも自然にも心・魂・霊がある

質問：二十一世紀に入り富士山周辺で低周波地震が続いていますが、噴火はあるのでしょうか。この現象は日本国民にどのようなメッセージがあるのでしょうか。

ソース：富士山噴火はないでしょう。少なくともここしばらくはそのようなことは起きません。富士山が噴火するというのは大変なことなのです。富士山が噴火する時というのは、それはやはりそれ相応の時になるはずです。今はまだそのような時ではありません。といっても後に非常に大変な時代が訪れるであろうということ、そしてその時に富士山が噴火するであろうということを予告しているというわけでもないのです。富士山は並大抵のことでは噴火しません。

皆、現象面だけで捉えて、この世の科学の道具でもって表に表われ出たところを測り、そのデータを基にしていろいろと言うことが多いようです。そのようなことも大事なのですが、しかしながらそれは表面に表われ出たところだけであり、実際は土地や自然も生きていて、魂や心があり、それなりの役目とリズムというのを持っているわけですので、そうそう簡単に噴火などということが起きるものではないのです。もっと目に見えないところの働きとか動きとかがあるし、また他の土地とかとの関連性というのもあるので、ちょっと低周波振動があったぐらいで、すぐ噴火というところに結び付けるのは急過《きゅう》ぎます。

さて、そのメッセージということですが、確かに富士山の自然に於ける魂が何か胎動《たいどう》を始めているということはあるのです。その意味では奥深いところで富士山が目覚めつつある、活動を始動し始めているということは言えます。このようにどちらかというと、富士山の噴火とか爆発、あるいはそれに伴う大地震などといった物理的な変動の予兆というよりも、もっと精妙なレベルに於いて富士山が目覚めつつあるということの表われです。

表面に於いて大きく動いたからといって内面でも大きく動いているとは限らないし、表面が小さいから内面も小さいとは限らないのです。見かけと実質が一致する時ももちろんあるのですが、必ずしも一致しない時があり、非常に大変な事態に見舞われそうに見えても、実際はそうでもなかったり、あるいは表に表われたのはそう大したことがないと思ったけれども結構根が深かったり深刻で、それが大きなところに波及するということがあったりなど、それゆえそのようなところを見抜く目が大事です。そのためには霊的な目覚めということが必要です。

今後は教育に於いてもその他の分野に於いても、霊的なものを認め、それがしかも宗教と関連しながらも、必ずしも宗教の占有物ではなくなってもっと一般化しオープンになり、世に普及していって、精神世界や宗教が本当に万人のものとなります。もっと普通の一般的なことになるのです。そして皆がそれを享受《きょうじゅ》できるようになります。そのようにして霊性の目覚めがあって、人間も自然も物質的なものだけではなくて、もっと心、さらには魂があり、霊がある、それが本質なんだということに皆が気付いてくる、その方向での動きともいえます。

単なる物理的な動きなのか、そうではなくてもっと奥深いところに起因しているのかを洞察できるためには、この世の智慧や情報、あるいは知識、鋭敏さ、あるいは科学的な方法論だけでは難しいということです。といって何か神秘的なものという、何か漠然とした不可解なことだけで説明するつもりもありません。

自然と共生する慎ましさを

質問：今、新しい自然還元型エネルギーが各方面で生み出されています。二十一世紀のエネルギーについてお教えください。リサイクルについてもお示しください。

ソース：自動車が走り飛行機が飛び、あるいは寒い時は暖房、暑い時は冷房、等といったように石油や灯油、あるいはガソリンが燃やされ、酸素を使って二酸化炭素を吐き出し、空気を汚し温暖化をもたらし、地球を弱め、それがひいては生物の種《しゅ》を次々に絶滅させ、ヒトという種まで自らを追い詰めてきているところがあります。

人間にはすごく賢いところとすごく愚かなところとがあります。すでに危機に見舞われ、このまま暴走していってはいけないと、誰しも分かってきていながらその流れを止《と》められないのです。ちょうど人間個人の性《さが》、宿業《しゅくごう》に近いものがあります。キリスト教の方では原罪《げんざい》などと言って、人類の起源にそれを遡《さかのぼ》り、仏教の方では無明《むみょう》、あるいは渇愛《かつあい》ということで説明付けています。とにかく人間には弱さとか性、あるいは業などがあって、分かっているけれども止められないところがあり、あるいは分かっているといっても表面的で浅い智慧であったり、それが部分的であったり、感情にひっついていて、結局は感情に負けてしまう。賢いようでいてただ自分の欲望やエゴ、感情のなすままに生きているところがあります。

だからといってどうしようもない、無理だということではなくて、一方では人間の神性というのがあって、仏教では如来蔵、仏性等と呼ばれ、確かにすばらしい、神にまで達するありがたい賜物《たまもの》が各人の中に同じほど授けられて生まれてきています。それゆえ愚かなところにばかり目を留《と》めず、また限界ばかり見ず、人間や個人一人一人のすばらしさと可能性の方に目を見張ることで限界を打破し、欠点を補い、成長を続け、すばらしい時代を共同創造していく神の担《にな》い手となれます。神の担い手といっても別に一人一人が宗教的になるという意味ではありません。一つの表現です。宗教的なものがもっと一般化し、特殊なものではなくなります。そのようにも言うことができます。使命、尊い役目、仕事を各自が果たしていくことの意です。

ともかく後四、五年の内にエネルギー革命が起きて、石油等の化石燃料を燃やして酸素を使い、二酸化炭素を吐き出して空気を損ない、自分で自分の首を締めるようなことを変えないと、もう後がありません。これは結構深刻な問題です。太陽エネルギー、風力エネルギー、あるいは新しい水素エネルギー等といった自然還元型のエネルギーが出てきて、例えば自動車にしても飛行機にしてもその他の乗り物、そして家庭や会社等の建物を始め、冷暖房その他のエネルギーの使用方法についても、装置や設備を電気エネルギーや石油製品のものから、自然還元型のエネルギーを使用するものに急いで切り替えていかねばなりません。

まず新しいエネルギー装置を開発すること。自然や地球を損なわないものを、です。そしてそれで実際に賄《まかな》っていけるところにまで持っていくこと。そして実際にそれを普及させ、切り替えさせて新しくしていくことです。別の例ですが、一昔前までは音楽といえばレコードでした。それがある時点から全部CDにいっぺんに置き換わりました。ちょうどそのように化石燃料を燃やして地球に温暖化をもたらしてしまったり、地球を壊し自分達も苦しむようなエネルギーの使い道から、新しいエネルギーの使い方に全部をいちどきに切り替えるということが必要な時で、四、五年の内にそれを行いませんともう危険です。

それと一方そもそも一人一人、特に先進国と呼ばれてきているアメリカや日本を始めとする国々は、もっとエネルギーの消費量を減らすべきです。もっと一人一人が自己規制し、物欲や食欲に走ったり贅沢な暮らしをするのを止め、物の豊かさはほどほどにし、快適さや便利さを追求することは必ずしも否定しませんが、むしろ心の豊かさとか霊的な成長、あるいは霊的な目覚めという方に重きを置いて物心双方のバランスを取っていく方に向かい、自然や物にも命や魂があって大事なんだと知り、それを平気で使ったり壊したり痛めるようなことができない優しい心を育てる。物や自然にも心や命が宿っているということを感じられる温かな感性と鋭敏さを培《つちか》っていき、自然の魂と自ずから心が通い合えるような、そして自然と共に生きていけるような暮らしです。

といっても原始生活に前戻りせよということを勧めているのでもないのです。やはり科学・技術、物の世界と調和、バランスのとれた今後の新しいあり方をとり、科学・技術を良い方に振り向けて、自然還元型のエネルギー装置を積極的に開発し運用していくこと。一人一人は素朴で慎ましやかな暮らしをする。そして心を大事にし合う、という方向です。

リサイクルにしましても、物にも心があり大事なのですから、できるだけ物を活用させて頂き、必要以上に持ったり使い捨てにしたり、物を粗末にしたりせず、別にケチになれということとは違うのですけど、とにかく物を活用させて頂くことはよいのですが、いくらでも使っていいわけではないし、何にしても粗末に扱ってはいけないという意味です。そしてリサイクルをできるだけ普及させることです。それは物の有効活用につながり、地球に有害な異物を蓄積していかないことともなります。

何より求められる、ささやかな実行

質問：環境破壊が引き起こした生態系の歪《ゆが》みが、人間にさまざまな影響を与えている今、人体の安全は保たれるのでしょうか。またそれに対して一人一人が何をしなければならないのかお教えください。

ソース：まず人心の荒廃というのがあげられます。倫理観の喪失、心が枯れてきている、というふうにも言えます。そうすると例えばセックスの氾濫などもあり、エイズが蔓延《まんえん》しているのも警告なのです。やはり自然の摂理というのがあり、人間は神からのものであると同時に、自然の生き物の一部でもあることを忘れてはなりません。それゆえ他の動植物や石ころ、あるいは水や空気、土等と同様、自然の摂理に従って生態系の一部を成しているのですから、あまり調子に乗り、思い上がった態度で何をしてもいいと思ってそのまま続けていますと、生き物の一部にしか過ぎないことを忘れ、そのうちツケが回ってきて自滅します。

人間は自殺行為のようなことをしているのです。しかも他の生物まで巻き添えにさせ、迷惑をかけているという意味では地球上に於いて人間とは癌細胞に似ています。癌細胞もどんどん増殖し、他を食っていき、あるいは死滅させます。そして癌細胞に全部冒《おか》された時は、その人自体死にます。ちょうどそのように地球が一つの生命体であり、その中に於ける人間とは癌細胞に似ていて、どんどん増殖、氾濫し、他を死滅させ、癌細胞に置き換えていき、そして全部がそれに冒されると地球生命体自体も死にます。そうするとそこに増殖していた癌細胞としての人間も絶滅するという点で、人体に於ける癌細胞に人はとても似ています。そのような意味では癌が増えてきているのも警告です。

やはり人間は、していい事としていけない事とのけじめを忘れ、思い上がり過ぎ、歯止めがなかった。それが自由主義経済体制に於ける競争原理で、大量生産を行い贅沢に暮らし、物を使い捨て、木を思う存分切ったり、そして自然を勝手放題に破壊してきたそのツケが回ってきている、ということで責任を取っていくべく、むしろ科学・技術のカルマは科学・技術に果たさせるということで、良い方に振り向けていけば、何とか今からならば生態系も元に戻していくことができます。あと三、四年が、そのリミットです。それまでに何とか手を打たないと。

一人一人が分かった事を身の回りで実行に移し、模範を示していくこと。素朴な暮らしをしていくこと。極端でなくてもいいですから、できる範囲で少しずつ一人一人が心がけやものの捉え方、ライフスタイル、生き方や働き方をそのように切り替えていくこと。単に口で言ったり考えたりするだけでなくて、です。一人一人のささやかな実行が何より求められています。

また仕事選びの時もできるだけ以上述べられたような、地球や自然、あるいは物、そして他の人々に対して壊したり迷惑をかけたり損なったりしないような、むしろ他の人々や地球や物が成り立ち、調和と秩序をもたらし、共に生存していけるような、摂理に沿った方向での職種に就《つ》くとか、あるいはそのような製品や物を買ったりして、その方向をサポートすることを行うこと。一方地球や自然や物を壊したり、他の人々に迷惑をかけたりするような生き方や行動、そのような製品、営みを支持しない。そのようなものに与《くみ》しない。逆にそれらをサポートする方向の事に関わることで支援する。

そのように一人一人が取捨選択《しゅしゃせんたく》の基準をそこに置くならば、だんだん世の中も変わってきます。一人一人が一票を投ずることができるのです。それゆえ一人一人自分ができる事を軽んぜず、自分を基本単位として模範的な行動や暮らし方をしていってください。自分の置かれた状況や立場、能力や適性、そして生活環境に応じて、少しずつでいいですから、できるところから着実に実行し、よい方へと切り替えていってください。本来のあり方へ。

また、霊的な目覚めや人間の全体的なＯＮＥの捉え方、そのようなことも学び、応用し、周りの人達に適当に知らせていくということも一方では大事です。何か特殊な運動を起こすということではありません。もっと一般的なことだし、しかし宗教に限らず、宗教を含めた基本的で大事なことなのです。

人類のカルマによる自然破壊

質問：地球温暖化、オゾン層破壊の今後の影響と対策についてお教えください。

ソース：地球の温暖化は、石油、一昔前なら石炭、それらを燃やし、それによって酸素の量が著しく減ってきて、その分二酸化炭素が出るので二酸化炭素が増え、非常に均衡《きんこう》を悪くしてきています。地球の歴史は五十億年などといわれます。人類の歴史はそのなかで、六百万年ぐらいといわれています。海の中から生き物が陸上に出てこれるようになったのは、今から四億年ぐらい前からだといわれます。水中から出てきたので、例えば人の体液や血液も、海の成分や比率と共通しています。

陸上に出てこれるようになったのは、何億年もかけて地上にオゾン層が形成されたことで紫外線、その他の有害な光線をカットし、その下《もと》で守られるようになったお陰です。ところがフロンガスをどんどん使ったり、あるいは化石燃料を燃やして地球を温暖化させたりで、何億年もかかって多くの生き物達が作り出してきた酸素やオゾン層を次々に破壊してきている始末です。何とも無責任極まりないといいますか。酸素はO、オゾン層はO_3です。これらは人を始めとする生き物にとって、特に動物にとって欠かせません。

また温暖化は一見すると寒くなくていいようですが、そんなことはなくて、人体にも悪影響があり、さらに北極や南極の氷が融けて人が多く住んでいる所が水面下に沈みます。ずっと前の、最後の氷河期が終わって、三度ぐらい地上の温度が上昇しました。三度上がっただけで、例えばベーリング海峡の所でアメリカとアジアが分断されたり、あるいは朝鮮半島と日本が分断されたり、中国との間には日本海ができたり、などという事が起きているのです。昔は朝鮮半島から地続きで日本に人が渡ってきているのです。ベーリング海峡を通しても、モンゴルの人達が北米に入って南下し、アメリカインディアンの人達になっています。東京を始めオランダ、その他に於いてかなり水面下に沈むことになります。ケイシーはリーディングのなかで一九九八年から徐々に地球に異変が生じ、その一環として日本水没もあるだろう、と語りました。それは人類のカルマによる自然破壊についての予告だったとも言えます。

　それよりもっと深刻なのはやはり、人体を始めさまざまな生き物の体を壊していくことです。オゾンホールができてしまうことによっても免疫能力が低下し、癌も生じ、特に皮膚癌が増えてきています。また、白内障等も増えてきています。このあたりで本当にフロンガスの使用を止めたり、化石燃料を燃やすエネルギーシステムを切り替えていきませんと、他の生き物を巻き添えにして人類自体も最後は絶滅しかねません。まだ今から取り組めば辛うじて間に合います。四、五年先ぐらいまでがリミットです。その頃人類はターニングポイントを迎えそうです。

　一人一人ができるところで実際に行う。できる事から手掛ける。そしてライフスタイルやまた仕事選び、物選びに於いて正しい方を選ぶことでそちらをサポートして伸ばし、栄えさせ、逆側の、地球を壊すような考え方や捉え方、システム、そのような営みを支持しないということでそれらがだんだんなくなるように仕向けられます。選挙の投票と同じです。どれに一票を、自分の持てる一票を投ずるかです。原始生活を勧めるわけではありませんが、またそれも無理だし、今後の時代の方向ではありません。それでもやはりそのような暮らしに原型があるということは言えます。エデンです。日本なら縄文期です。
それを踏まえて今後どのように生きるのがふさわしいか、一人一人が模索し、作り上げていくこと。またそれができるためには、一人一人の魂の成長ということも当然伴なってこないと実際はとてもできないことです。物や自然との共存ということや暮らしぶりの素朴さ、そして内面的な成長と霊的目覚め、その両方が必要です。例えば他の生き物や人の痛み、悲しみ、つらさなどが感じられる感性を養うのも、その中で育まれます。

自ら責任を取る

質問：ゴミ処理対策についてお示しください。

ソース：まずリサイクルが可能な物にするということです。物を作り出す場合に。例えば食べ物、食品のパッケージなど。それらは全て燃える物にすること。あるいはせめてリサイクルができる物にすること。あるいは燃えない場合でも、それが地球に異物感を与えたり有害でない物。また燃えるゴミの場合、燃えるのはよいのですが、悪臭を放ったり、また生命を損なうようなものを、燃えながら放つような物をあらかじめ作るのは控えるとかです。

これからはある程度企業や会社に対して、罰則のようなものを法律で定めるのも一つの手です。パッケージばかりではないのですが、要するに地球上にある品物とか人間が作り出した物、製品など、それらが有害である。地球に異物感を与える。違和感がある。そのようにダメージを与える物は作らせない。作ったらその企業に罰則を与えるとかです。もちろん国や公共団体なら尚のこと、そのようなことはするべきではありません。民間に対して規制する罰則を設けるばかりではなく、公的な機関もそうです。一方、地球環境に優しい生産品や食品、また自然と調和する新エネルギーを開発したり、それによって動く乗り物や製品などを作ったり普及させることを奨励し、サポートすることも、必要です。

地中奥深く掘ってそれを埋めるというのは、非常に好ましくない事をしています。もっと子孫のことも、そして他の生き物のことも考えて行いましょう。罪悪感を感じるようなことは慎むことです。自ら責任を取っていきましょう。そもそも罪悪感を感じにくくなってきているところに一番深い根があります。それはやはり幼少期からの、主に親による教育に基づきます。

価値観・認識方法から見直す抜本的な改革を

質問：人口爆発と水・食糧問題と、争いや餓死の起こる可能性について、必要な心構えと生き方についてお教えください。

ソース：人口爆発と水や食糧不足の問題は当然相関連《あいかんれん》し合っています。すでに六十億を突破しました。これは地球上始まって以来の事です。ごきぶりやねずみ、あるいはカラス等が増えてきています。その一方で美しくてすばらしい生き物が次々に絶滅してきています。生き物の種が次々に絶滅してきているところを見ると、いかに人類が地球や自然にダメージを与えてきたかがよく分かります。それがすごい勢いで進んできているからです。ということは人類、ヒトという種も生き物の一部ですから、当然人体にもダメージがないわけがないのです。

また、例えば地球にダメージがあるということは、そこでできる果物とか農作物、また動物系のものにも当然ダメージがきていますので、人がそのようなものを食べ物として戴くと、当然その害が加わってきます。また水も当然汚染されてきていますので、少々浄水器とか活水器をつけたぐらいで完全に取り除かれるということはありません。もちろんそのような物を使えばそれだけのことがあって、それを否定しているのではないのです。

でもやはり抜本的な改革が必要だという意味です。できることはしていってください。それと共に対症療法のようなことだけでなく、根本から解決するべく見直しを図っていかないと、とてもおっつかないという意味です。政策や対策の次元に於いてばかりでなくて、そもそもの人間の生き方や捉え方、その元にある価値観や認識方法から見直していくことが必要です。そして最後は、自分と神仏との関わりを見直さないと。

すでに世界は狭くなるほど情報や交通の面で発達し開かれ、文字通り一つになってきています。このような時勢にあってやはり各々の分野が変わっていかなければいけません。それ相応のものを作り出していかなければいけないのです。そしてまずもって人間とは何か、ということが改めて問われる必要があるのです。その中で生き方というのも出てきます。そしてそのなかでこそ今後の方向が見えてくるのです。

人口が六十億以上というのは比類ないことで、つい最近まではもっとずっと少なかったわけです。どんなに科学や技術が進歩しても、食糧を作れる分量には限りがあります。政治の政策上、ある程度食物を均等に分配したり行き渡らせるということも大事なわけですが、それと共に科学・技術によって食べ物をたくさん作り出すことができるようなノウハウを開発する。しかしそれ以上に大事で本質的なことは、人口を制限したり抑制するということもある程度必要になってくることでしょう。

そしてやはりアメリカ人や日本人を始め、贅沢に暮らし、食べ放題ということ、あるいはたくさんのエネルギーを使ったり水を浪費するということを抑制することです。ただ外から抑制しても限界があります。一人一人の内面から変わり、成長しないと限度がありますす。そして本当に相手や他の人を思いやれるようにならないと争いになります。今後数年後ぐらいに、水や食糧が足りないということで、食うために戦うという戦争のようなことが起きないとも限りません。

またいろんな主義やものの捉え方や生き方、例えば唯物主義的で、贅沢な暮らしを続けたいような方向、物の科学の方向と、魂の目覚めや、ここで語られたようなことを認めるような動きとが拮抗《きっこう》し、それが一つになっていく時の調整で、非常な軋《きし》みが生じ、数年後非常に難しい問題が出そうです。今後餓死する人がさらに増えるでしょう。地球破壊に基づく砂漠化、農業用地と用水の減少にもよります。

これからの五年、十年が人類にとって一番大変です。正念場です。それは二十年後ぐらいまで続くでしょう。今、人類はそのような時を生きている、ということを深く自覚しないといけません。でもそこでそれは目覚めるチャンスであり、生活や考え方捉え方を改めることを促すということです。そこがうまくいけばすばらしい時代が到来します。しかしすぐにというわけでなく、二十年ぐらいの試練の後、少しずつ改め構築し、これまでの責任を果たしながら、数十年から百年、二百年、二百五十年ぐらいかけてそこへと到達します。

いつの時代の人類の歴史を見ても、文明のシステムが完全に改まって軌道に乗るためには二、三百年を要しているのです。今のように大変革が迫られていて、大きな問題が精神的にもまた物理的にも山積みしているからには、加えて六十億もの巨大な人口規模と複雑なシステム、多様化した様相にあっては、どんなに時代がスピーディになったとはいえ、一年、二年で急に改まったりすばらしくなるというものではなく、やはり西暦二二〇〇年とか二二五〇年ぐらいまでいろいろとかかるでしょう。それから本当にすばらしい時代が到来します。

第六章

新世紀の信仰

宗教こそ科学の根底にある生命

質問：二十一世紀に於ける新しい信仰の特徴とあり方、留意点と方向をお示しください。

ソース：まず宗教と科学とが一つになります。宗教と科学とは対立矛盾する二者ではなく、無視し合う関係にあるわけでもなく、本来宗教と科学とは相互に作用し、相互に協調し合う二者であることが知られるようになります。したがってこれからの宗教は、科学を無視したり、科学と拮抗する宗教ではなくなります。ただし単に科学まがいの宗教であったり、科学を利用するものというわけでもありません。といっても急に理想的な宗教形態ができるわけでもありませんので、時間をかけて今後宗教と科学の双方が改まり良質化し、本来のあり方をとるようになってくることで、宗教こそは科学の根底にある生命そのものであることが判明してきます。

二十一世紀以降の宗教の他の特徴としては、東洋と西洋の宗教が融合し、より統合化された、理想的な本来の総合的なあり方になるということ。二十世紀までは世界三大宗教といって、キリスト教、仏教、イスラム教が主流でした。けれどもそれは二十世紀までです。二十一世紀以降は時代もこのように変わってきていますし、問題も山積みしてきていますので、これからにふさわしい地球宗教が求められるようになります。

といっても、これまでのキリスト教や仏教やイスラム教を全面否定しているわけでもないのです。それらをベースに、例えばキリスト教の中からキリスト教を超えた本来のキリスト教が、仏教の中からは本来の仏教が、成長進化しながら出てくるというふうにも言えます。その時点ではもはやキリスト教とか仏教と言う必要はなく、本来のもの同士ならば各々が共存し得るようになります。真実自体は、もともと一つで、同じだからです。ONEです。程度が低いうちは、対立し、争いが起きるのです。純粋で正しいからではありません。

イスラム教、キリスト教、ユダヤ教等は砂漠の宗教で、そこから今の物の科学が出て、地球を壊してきています。物や自然を単なる物としてしか見なさず、人間に対しても非常に対立的、闘争的でした。しかしこれらの砂漠から出て来た宗教にも使命と良さ、優れた面はあり、それは今後とも継承されていくでしょう。

一方、アジアの宗教は森林の宗教で、物や自然を尊び、それらに命や魂を認める良さがあり、しかし一方そこでは科学は発達しませんでした。科学の使命や良さというのもあるのですから、それは欧米の宗教を基盤とした科学と、お互いに双方が自分の限界や弊害を反省し、相手から良い面を頂いてより統合化したものが出てくることが今後必要です。

そして輪廻転生《りんねてんしょう》、生まれ変わりがあるということが知られるようになります。それは宗教の中で説かれてきたり、ギリシャの哲学の中で説かれてきたことですが、これからは科学的に見てそれが事実であると認められ、生物や医学の教科書に生まれ変わりの事実が登場するような時代が来ます。

宗教者こそ反省し、謙虚になり、学ぶべき

質問：日本は神の国と言われながら、現実をみると無信仰・無信心あるいは信仰や宗教に対する抵抗や偏見が見られます。二十一世紀日本は本来の神の国に立ち帰れるのでしょう

か。

ソース：それにはそれなりの理由と根拠があります。宗教の方にもやはり問題や弊害があったからです。そのことに宗教者達も気付き、それを素直に受けとめて改善に向かって進んでいくことで、一般の人達との溝が埋められ、多くの人達が宗教や信仰を認め、それを活用できる方へ向かいます。ある意味では潜在的に日本人が、本当の宗教というのを分かっているからこそ、現状に対して失望や疑いを感じてしまうとも言えるのです。これまでの宗教は特徴として、独善的、主観的、閉鎖的、暴力的でした。自分の所が絶対的で一番であり、他は必要ない。あるいは他は劣っている。無い方がよい。自分の所だけでいい。全員が自分の所に入ってきて、自分の所が新たな世界宗教になるのがよい、とどこかで思っているのです。けれど、それはどこかおかしいわけです。

そのようなところがあるので一般の人達がそれを察知し、宗教離れを起こし、宗教自体の株を自ら下げているのです。自分の所が絶対で最も優れており、他は無い方がよい。もっと行くと、他は悪魔である、などという見なし方がどこかにあるので、それが逆効果をもたらしています。そのような見なし方こそが未熟な証拠であるとも知らずに。とても愛と智慧のない行為です。そして特別意識があり、何か特権のようなものを欲しているのです。口には出さずとも、どこかそのようなものがその周りに何となく漂《ただよ》っているのです。それは健全ではありません。本当の愛とか智慧に基づくものではありません。といってそれらを悪魔的とまで言うつもりはなく、ただ本当のものに至る途上にあるということです。それに甘んずることなく、しかしそれを踏まえてさらに反省し、学習改善し、引き続き成長を目指していってほしいものです。それはどの宗教にもいえます。

日本の場合、宗教がセクトとなり過ぎているのが問題です。さて、宗教の団体や教団、あるいはグループを一概に否定はしません。なぜなら団体や教団、あるいは会、等にも各々そこの良さと役目というのもあり、そしてご縁というのもあるからです。ただそれにしましても自分の所が絶対で皆がうちに入って世界が全員うちの者になればいい、他は無い方がよい。他は悪魔である、うちを離れると救いはなく地獄落ちだ、などとなってくるといささか考えもので行き過ぎです。各々ご縁とかタイプ、立場や役目、ルーツ等に応じて必要なものが出揃ってきているのですから。それゆえ各々がもっと謙虚になり、他の必要性や価値、良さや役目も認識し、お互いに尊び合い受け入れ合い、協力できるところは協力し合う、そのような共存の方向で互いに特色を発揮しつつ棲み分けることで全体にバランスが取れ、滞りなくお互い進んでいくことができます。ＯＮＥです。

存在するものは皆、本来必要なのです。団体でも民族でも。グループでも個人でも。それに気付くべきです。気付くばかりでなくその方向で行っていくとよいのです。そうしたら宗教不信や宗教離れがなくなります。せっかく良いものもあるのですから、もったいないことです。団体やセクトに所属していてもいいのです。しかし所属していなくてもいいのです。それに気付きましょう。一方では「どこかに所属しないといけない、特にうちがいい」。そのように言う所が多いようです。一方ではそのようなことに嫌気がさして、しかし本当の信仰や神自体を否定するのでない人達は、団体離れはしても宗教離れはせず、自分独自に行ったり、あるいは精神世界というのができてきています。

本当のことをいえば、所属していてもできるし、所属していなくてもできるのです。或る教団の中に神が居《お》られるかもしれません。でもその外にも居られるのです。神は全てに遍在し、行き渡っており、人間のような偏《かたよ》りがありませんから。それゆえ属していてたしかにできるけれども、また属していなくてもできる。どちらかだけを肯定支持し、強調するのは偏りがあり、総合的ではありません。この世に絶対の宗教などは、どこにもありません。全てみな、相対的であることを知るべきです。あとはご縁と各人の自由意志、神の意向によります。

神様は或る教団や殿堂の中に居られるかもしれないけれども、その外にも同様に居られるということに気付きましょう。そのようになってきますとだんだん、いわゆる精神世界と現実世界との乖離《かいり》、対立がなくなってきて、宗教や精神的な事柄が本当に万人のものになります。何かこれまでは精神世界や宗教といいますと、特殊な一ジャンルに位置付けられ、ある好事家やマニア、精神主義者の人達、現実に適応できない人達が退く所であるかのように見なされてきました。あるいは精神的特権とか誇り、特別意識を求める自己満足のために。そのように見なしてきた方にも問題はありますが、しかし見なされるようなことをしてきた側の人達に、まずそのような種を蒔《ま》いてきたということがあったのです。

本来の精神世界や宗教といいますのは、現実世界と別にある特殊な一ジャンルではないのです。むしろ現実世界の根底に流れる源であり、現実世界を生み出したり生かす原因、源という位置付けが本当なのです。そもそも神がそのようなお方だからです。このように現実世界と精神世界との関係といいますのは、並立し、対立矛盾する二つの世界ではなくて、むしろ精神世界が現実世界の根底に流れ、その源になっていて、全ての隅々に浸透し、それらを支え生かし、成り立たしめ、育み、導いていく一般的なことだというのです。そのことに気付きましょう。

精神世界を脇に追いやったり、特殊化して見なしてしまうのではなくて、生かすためにこそあるのです。全ての営みに。最もこの世的、地上的、現実的、物理的なことでさえ、精神世界だということです。全ての隅々に浸透しているからです。したがって他の分野、領域のように一分野として、しかも特殊な分野として見なすというのはとてもおかしなことです。しかし自らそのようにしてしまったきらいがあります。二十一世紀以降は万人のものになります。

本来神様は万人の救いを基《もと》とし、ただ一つの魂も滅びることを望まれておられません。したがって特権階級とか特別意識というのは本来の神様の愛や智慧に反します。むしろ皆のためにあるのです。神様とは命のことであり、命を生み出し育み、導く愛そのものなのです。それはあらゆる分野、あらゆる営みに行き渡っており、好みとか、相性、ルーツ、分野別、民族別地域性とかによるわけではなく、全てに行き渡っている命そのものです。したがって感動したり感激したり、成長したり体が治って元気になったりなど、それは精神的な営みそのものなのです。人が行動できたり働けるのもその営みです。どうかそのように見なしてください。それが実際の有りようだからです。

そのようになれれば皆「あぁ、それならわかる」、「それならできる」、「それなら受入れて活用したい」と、このようになってきます。ぜひそのような方向付けを取ってください。信仰したり行をしたりということは特別の、他の営みと別のことではないのです。むしろその源となるということです。そしてあまりセクトに分け過ぎずに他も尊重し認め、受け入れ、協力し、共存し合う、特色を出し合って棲み分けること。色々あってよいのです。信仰や祈り、行の形態や方式は。本来どこででもできるのです。団体や教団で神に繋《つな》がるのではないのです。方式も儀礼も、教団も神社も、手段なのです。本当の生命に至る。本来一人一人が神様と直《じか》に繋がるのです。そのようにもともとできているのです。団体や教団に入るとそれだけで繋がる。そこから出るともう神から離れ、地獄に落ちる。それは神の都合でなく、人間側の都合で言っているだけです。実際は、救いも悟りも、教団によるというより、あくまで本人次第で決まることです。信仰は誰に於いてもその人個人の問題だからです。

確かに教団に入るメリットとか、良さというのはあるのですが。しかしそれを強調し過ぎるのは人間側の都合に過ぎません。教団の外でも神と繋がれるし救いに預かれるのです。神は教団に居られるかもしれないけれども、教団の外にでもどこにでも居られるのです。万人のものたらしめましょう。普通の営みの一部、あるいはその源とせしめましょう。それが本来だからです。いろんな宗教の形態や行の形態があってよいということに気付き、各々の違いを認め、心から尊び合い、共生し合うようにしましょう。皆タイプやルーツ、段階に応じてそれぞれ合ったもの、必要なものが用意されているということです。宗教は絶対を標榜《ひょうぼう》し目指すだけに、どうしても主観に陥《おちい》り、他との共存というのを難しくしているのが問題です。宗教関係者こそ反省し、謙虚になり、学ぶべきです。それにより周囲のお手本になれますように。

二、三百年かけ徐々に進む変革

質問：日本のトップ企業が外国資本に買収されたり、企業の公用語が英語になってきているという現実がありますが、二十一世紀日本を中心とする時代が到来すると言われながら、社会現象面ではこのようなことが起き始めています。現象面に現われていることの解説と併せて神の真意をお教えください。

ソース：予言や予測をする方々の中には、かなり極端なことを言われた方が多かったようです。今でもおられるかもしれません。例えば一九九八年から九九年にかけて、これまでの世界が崩壊し、人類が絶滅するとか、あるいは三分の一が死ぬとか、あるいはすばらしい時代が到来するという場合、何か突飛な事が起きて、いっぺんに変化してばら色の世界が訪れるとか。何か奇跡まがいのことを期待したりなどです。それは怠慢であり、好ましくない方の他力です。現実を知らな過ぎです。あるいは果ては自分達がその予言を成就させるために非常に危険な、命を損ねるような事を起こした所もありました。それは実情に反します。

実際は人類の歴史というのは、変革期でも二、三百年かけて次の体制やあり方にシフトするものなのです。しかも他から何か突飛《とっぴ》な事が起きてというよりも、何か自分達がそれを作り出していくというのが実際です。それゆえ、今後二、三百年かけて徐々に変革され、模索されながらシフトしていきます。その中で全ての試みがうまくいくとは限りません。

しかしそれも無駄ではなく、そこから貴重な教訓を学んで成長を遂げ、次に移行していきます。一見すると外からきっかけがあって変わるような場合、例えば黒船が到来して、江戸幕府が終わり、文明開化となったような時でも、やはり内面にそのようなものができてきたからこそ、外にきっかけが出て、それによって変わり始めることができる方向に向かったということなのです。それゆえ外からのものは当てにせず、奇跡やまして悪い事などは当てにしないことです。人を威嚇《いかく》したり駆《か》り立てるような予言とか、恐れさせるような宗教の教義というのは本来神からのものではないのです。

例えば今、英語が日本の企業に導入されてきたり、外国資本に日本の企業が買収されたりということが起きてきていますが、それはまだ前の時代からの延長の流れや、その動きなのです。それは短期的な動きなのです。前からの動きといっても構いません。そしてもっと長期の展望で見ると、やはり日本の良さと役目が徐々に出てくるということなのです。また一方、英語とかアメリカの役目と良さというのも今後とも残るということとも言えます。そのように位置付け、捉えてください。そしたらほぼ間違いありません。

確かにアメリカは二十世紀までで世界的な役目を果たし終え、今後は一つの国として維持存続していくように縮小されます。けれどもアメリカの良さや役目というのは今後ともあるわけですし、英語は非常に記号言語として典型で、今後ともその有用価値はあります。ある面では。日本語の良さや価値、役目と並列して捉えようとして戸惑いを覚えないでください。それぞれの特色があって上手に棲み分け、各々が遺憾なく発揮されるという位置関係なのです。ちょうど自力か他力かというのに決着をつけたがるのが愚《ぐ》の骨頂《こっちょう》のようにです。

これからの時代は、テーゼ、アンチテーゼを踏まえてジンテーゼをもたらす。そこで弁証法的な進化が起きる。人も成長する。その取り組みの中で。それを愛の働きともいえます。人はなんべんも弁証法的な進化を図りながら段階的により上等な存在になり、総合化し、全体性が回復してくるのです。あらゆる面で。それはいっぺんには起きません。いっぺんに起きると見る人は怠慢です。そして現実を知りません。

何かだけが、というのは非常に一面的で主観的、あるいは部分的です。英語は英語で今後とも運用されます。それが使われるとよい方面とか使い方があるからです。それに対して日本語の価値とか有用性というのはまた質が異なり、レベルが違います。それはもっと魂的なもので、言葉そのものの大切さと関わり、ちょうど英語が便利さやビジネス価値の方に重点が置かれているのと対照的です。また短期的か長期的かという違いもあります。違いというのは本当によいものです。互いに補い合い、豊かにし合い、全体を成立させるのが違いですから。

素直で純粋無垢な心

質問：太古の昔の黄金時代、人類が持っていた超感覚能力とはいかなるものだったのでしょうか。二十一世紀失われた超感覚を取り戻す道をお教えください。

ソース：イエス・キリストは「おさな子のようになりなさい。そうしたら生きながらにして天国意識状態が達せられます」とおっしゃった方です。これは驚異的な発想です。後戻《あともど》りの教えです。後戻りというのは良い意味で使いました。何か進歩と発展の名の下《もと》に、人類がしてきたことで大切なものが失われてきたというのが現状です。いったい進歩とは何なのか。文明とは何なのか。本当に進歩したり良くなったのか。却って悪くなった部分はないだろうか。失われた大切なものはあったのではないだろうか。そういうことに気付き始めてきているのです。そういう時に「おさな子のようになりなさい。あなたは全てを持っています」といったような言葉が今さらながらのように俄然《がぜん》心に響いてきます。

といって昔はよかったということをただ述べようとしているわけではありません。「昔はよかったなぁ」などということではないのです。やはり前に進んでいくしかないのです、人類は。今さら原始的な暮らしをすることに後戻りすることが求められているのではありません。確かに規範としてそのような生き方ができる人や、その役目の人がそれを皆に示すということは貴重であり、軽んぜられてはならないことです。でも一般の人達までがそのようにしなければいけない時代が到来するということではありません。古代人の持っていた超感覚的能力が甦《よみがえ》るという場合も、そのことが言えます。皆が太古の超感覚能力を回復する。ただそれだけが必要なのではないのです。

ついでに申し上げますと、おさな子のようになる精神というイエスの言葉は、幼児のように先祖返りをしてしまうということではありません。そうではなく、素直で純粋無垢の心のことです。ちょうど初心に似ています。原点とでも言いましょうか。何か進歩や発展ということで頑張ってきたけれども、本当に良くなったんだろうか。人は成長したんだろうか、ということが問い掛けなおされている今日です。確かに良くなったところはあるのです。それは今後とも追究していくとよいのです。その一方で滞《とどこお》っていたり失ったり間違っていたところは、改めたり補ったり回復していくということなのです。

太古の人達の持っていた超感覚的能力というのも、そのような一部です。何か素朴、正直で、今の時代でなら片田舎に住んでいるおじいちゃんやおばあちゃん、もちろん子どもでも構いません。そのような人達の暮らしや感性、そして能力や営みです。あるいは少し応用してみるならば、学者先生や肩書き、この世の実績や評価がある大先生ばかりでなく、民間の市政人《しせいじん》で、肩書きも実績も評価もこの世の権威筋からは受けていない中に、本当に優れてすばらしいものを持って実際行っているという人が、多数埋《うず》もれいるわけです。そういう人達のことも指しているのです。イエスはその典型でした。親鸞もそうでしょう。良寛さんも。ここで学者先生とか、この世の形としての肩書きや実績、評価を軽んじたり否定しようとしているのではありません。むしろそのようなことのために埋もれてしまっている中にも優れた人や、立派な行いをして、そしてすばらしい感性を持った人達がいるだろうということを述べようとしただけです。

これから個性豊かに花咲く時代です。一辺倒ではなくなる時代です。全体性が回復し、バランスが取れ、一人一人が生かされ報われていく、本当の平等と自由の時代です。それによって地球が活性化しパワフルになり優しくなります。調和がもたらされます。自然や物を粗末にせず大切にし、そして自然や物に心から手を合わせ拝《おが》めるような、そして自然と共存し、霊の世界とも共存し、人の痛みや悲しみや喜びが本当に感じられるような、他人のそのような感情や感覚が感じられるばかりでなく、動物や、生き物全て、石ころの悲しみや喜び、痛みまでも感じられるような感性を養っていくことです。そのように自然の摂理に沿って暮らし、足ることを知り、自分を知ってわきまえ、自分を責めず、自分に優しく接しながら自己調整し、自然の一部として精一杯生かさせて頂く精神の方向です。

†終章

総論

愛・命・喜び・幸せの源

質問：未来三年から十年と、未来百年から三百年に訪れるすばらしい時代との関連性と移行の仕方をお教えください。

ソース：これからの四、五年から十年、十五年は大変な時代です。予断を許しません。それと未来はすばらしい時代になるだろうという予言との関連性についてです。どちらも当たっています。ではどのように関連したりシフトしていくのかといいますと、大変な時期というのは近未来の予言なのです。それに対し、すばらしい時代が訪れるだろうというのはもっと長期的展望の予言なのです。最終的にすばらしい時代が到来するのは、西暦二二五〇年頃です。しかし徐々にそこへと段階を追って移行していくのです。早いところではもう今から実現していきます。自分達が作り出すのです。自分達の責任で。

一人一人が待ち望まれており、一人一人にできる事があります。自分にしかできない事を行い、自分らしくあることで自分を遺憾なく発揮し他者の役に立ち、地球と人類の未来をすばらしく設《しつら》えること、それを使命というのです。それは誰にでも何かできる事があるということ。誰にでもある何かです。でもその人固有のものなのです。一人一人が求められているからです。強制とか義務ということではありません。人生は喜びに満ちた体験です。

神様は愛、命、喜び、幸せの源なのです。「君はこうするべきだ」、「こうしてはいけない」などということばに注意してください。それはなぜなら神からのものではないからです。人間からのものです。人を威嚇《いかく》したり脅《おど》したり駆り立てるようなことは、純粋に神からのものではないということです。そのようなことを言ってくる人に注意してください。もっと一人一人が内なる良心に目覚めて、霊的目覚めと共に成長することに、自発的に喜びと感謝を感じられるように取り組んでいくのが本当のところです。余裕をもって。

ただ、現状は厳しいものがあることは事実です。そしてそれに取り組む中で貴重な教訓を学び成長を遂げる。そしてそれでもって用意が整い、すばらしい時代が到来できるという関係です。また今のうちから率先して気付いた人達がこういうことを周りに伝えることを行っていったり、身をもってこのようなことを生きる生活のお手本を示すこと。それをしていくことです。このような危機の只中にあって。

そのように古い時代の問題を引きずっているこのような現状の中にあって、今のうちから新しい本来のあり方を模範として生きる、ということが求められているのです。今のうちからこのようなことに気づいた人達が新しいすばらしい時代の生き方を率先してし始めること。それが少しずつでも周りに波及し、良き影響と感化を及ぼし、それがだんだん優勢となり、他の人達も気付いて改め、そのような方に加わるようになり、人類全体としてそのようになるのが二百五十年後ぐらいで、それまではあと数十年から百年、二百年を要するというプロセス期間です。

かけがえのない尊い一人一人

質問：二十一世紀どのような生き方をしていくとよいか、またその生き方を生活や仕事にどのように生かし実践していくのか、具体的な方法をお教えください。

ソース：「一般的なことはともかく、さて自分の場合はどのようにしようか」、各人が自分の胸に手を当ててそのように自らに問うことです。一般的な真実とか普遍的な真理というのも大事です。それがあくまでベースにあってその上で、「さてそれを自分の場合はどのように適用、応用しようか」という問いかけのことです。個人性に傾き過ぎても、社会性に傾き過ぎてもアンバランスをきたします。両方大事なのです。個人性と社会性との両立と調和です。両方がマッチしてくるのです。普遍性と個別性とが。普遍性から出てきた個別性は良いものとなり、他者に迷惑をかけたり損なったりすることなく、むしろ全体に彩りを添え、全体に欠けたところや不足したところを補うような働きを自ずとするようになります。なぜなら神がそのように創ってくださったからです。ありがたいことです。

一人一人が無心になり、あるいは素直になって自分に立ち返る。そのために自分に正直になり、自分の中の良き心に立ち戻る。本来の自分に立ち返るということです。イエスの言われた〝おさな子の精神〟です。無邪気な心です。幼稚になるという意味ではありません。未熟さとも違います。

大切な心を人類は失ってきたといえます。文明のために。しかし文明に反抗する、文明や科学を否定するという、極端で過激な、反動のようなことを述べたり勧めているわけではありません。むしろ両者が調和したような新しいあり方です。また自分に素直に、自分らしく生きる。自分が生かされることを行う。自分にしかできない事を行う。といっても我流《がりゅう》に陥るとか、自己満足とか勝手だとか、他はどうでもいいなどということとは違います。そこが従来の生き方に対するアンチテーゼか、そうではなくジンテーゼの方なのかの違いです。

従来の生き方やあり方に対して反動のように出てきている動きというのはアンチテーゼの方です。それに対してここで述べられてきているのは、アンチテーゼを踏まえた上で出てくるジンテーゼなのです。それをＯＮＥと言います。一人一人が尊いのです。誰にでも聖なる目的と役目と、それを遂行《すいこう》できる良さとすばらしいものが賜物《たまもの》として与えられているのです。他と比較し合ったり、他を打ち負かしたり、優ろうとする必要はありません。そのようにしなくても一番になれるのです。それは相対的な一番ではなく、絶対の一番ですから、安定して永続的です。

一人一人のかけがえのなさというものに目を留《と》めましょう。個人としても、家族としても、企業・会社としても、あるグループや団体にしても、国家や民族にしても、地域にしても。全てがこのように各々かけがえがなく、各々が必要で尊く、比較して優劣を決められるというものではなく、各々個性と特色があるので、それぞれが皆必要で果たせる事があるのです。それをこそ見出し、そこに立ち戻って素直にそれを生きることです。それがひいては周りに寄与し、全体の一助となります。そしてお互いに違いを生かし合えるよう、尊び受入れ合い、全体に彩りを添えて豊かにしていくのです。

これまでの仕事はテーゼで、それは他者を満足させるためのものです。アンチテーゼは趣味や娯楽です。ストレスを解消し、自分を保つための自己満足です。それがアンチテーゼ。ジンテーゼは使命です。それは全体満足です。趣味が仕事になり、仕事が趣味となります。それは自己満足であると共に他者満足をも行えるために全体満足です。そしてそれによってカルマを果たし、成長を遂げていけます。自分の魂が喜び躍動します。内なる良心と言ってもよいでしょう。人類は今、その移行期にあります。

これから一人一人が仕事を使命化する。そして喜びをもって自分を生かすことです。自分の特色に目を留め、それに磨きをかけ、それを精一杯使っていきましょう。それによって周りを満たし潤《うるお》し、世界を良くする一助となるのです。そして他の人のために心からお祈りしてさしあげましょう。その時は何も、「君のためにお祈りしてやったんだ」という必要はありません。「これこれだけしてやったのに」などという必要もありません。結果を当てにしないのが本当の愛だからです。

ONEの世界ビジョン

質問：二十一世紀の人間観・世界観・価値観・捉え方、二十一世紀のビジョンについてお示しください。

ソース：二十一世紀は魂に目覚める、新時代の序幕です。人類は今後数年間で訪れるであろう試練を機にそこへと向かい、取り組み始めます。それから二十二、二十三世紀と徐々に進展し、実りを運んで未来に前進していくのです。今後の方向としては物事を一面からだけ見ずに、全体として捉えることです。また或る事が起きたり或る人を見る時に、愛と信頼をベースに眺め直し、捉え直すことです。そうすると自ずと良い方に解釈され、そうするると自分の感情や印象も良い方に変わってきます。そうすると当然前向きの対処ができるので、プラスの効果をあげていけるようになります。そうするとどんなことやどんな人とのことも生かされるようになります。人はよく、成功か失敗だったかと分けがちです。けれども、確かに成功、失敗ということはあるのですが、それは表向きに過ぎません。大事なのはそこからです。たとえ成功した場合でも、それで他者を見下したり思い上がってふんぞりかえったりしたら、成功しない方が却ってよかった、となってしまいます。

それに対して失敗という結果が出ても、それを検討して反省し、そこから教訓を学んで成長を遂げ、改め、それをその後のために生かしてその後よくなっていき、幸せにもなり、周りのためにもなったとしたならどうでしょう。それは失敗だったと一概に言えなくなります。確かに最初から成功するに越したことはないし、最初から失敗を目論《もくろ》んで行ったり、悪いのが分かっていて行うのは困りますが、しかし人間は成長途上です。誰でも。そのためベストを尽くしても完璧にできるとは限りません。できない方が多いでしょう。それはそれで良いのです。上手に許しましょう。自分のことも他人《ひと》のことも。

そしてその後《あと》が大事です。愛と信頼のまなざしでもってそれを眺め、その結果や状況、起きてきている事柄を「さて、この後のためにどのようにこれを生かそうか」というふうに問いかけ、その方向で取り組み、対処していくことです。そして全体のためを思い、全体を平らに、良きも悪しきも眺め、受け止め、全てを生かす方向で関わっていくことです。相手の人が成り立ち、成長し、さらに良くなって、その人自身をさらに生きていけるように関わってあげることです。そして陰で本当に相手のことを、そして全体のためにお祈りしてさしあげることです。

お祈りするほどに、お祈りしている当人の心が清まり育まれ、神の方に向かっていくこと。それがお祈りの本質です。お祈りすることでお祈りするほどに、お祈りしている当人の心が、そのお祈りの行為によって心が清まり育まれ、神に近づき、一致と調和をもたらしていくこと。それがお祈りの本当のもたらしてくれるありがたい本質です。お祈りして願い事が叶ったり、自分が他者の優位に立てるようになることではありません。大切なことは一人一人の意向です。一人一人の内にある理想とアイディアです。それをサポートさせていただく方向で、お祈りを捧げ切ること。

一人ではできなくても、また一つのグループ、地域、国家、民族、団体ではできなくても、他があることで初めて、各々がその中で自分を存分に発揮することで、全体の理想が達成します。一人一人、一つ一つの団体やグループ、ルーツ、民族と国家が待たれているところです。

これが新しい時代、ONEの世界のビジョンです。互いに尊び受け入れ合い、いずれも必要でかけがえがなく、全てが救われ、報われ、生かされるように。そのような方向です。

二十一世紀中に人類はこのことに気づかされ、そこへと向かい始めることでしょう。ぜひそうしてください。それによって、未来はすばらしいものとなり得るからです。

一人一人の今後のご活躍に心から期待したいのです。

リーディングを終了します。

あとがき

本書は、最初から単行本を刊行する目的で予めテーマを設定し、質問の方もその為に用意し行われたリーディング八件で構成された〝リーディング集〟です。

これらリーディングのテープ起こしされた文章に対し、行った私自身が自分の責任と判断のもと、多少加筆修正を加え、公刊本用の体裁に整えました。それでも基本的には、当初為されたリーディングそのままの内容とタッチになっています。

リーディングが実施されたのは二〇〇一年二月八・九日の二日間でした。リーディングナンバーは、№５４００～０７です。結局二日間で本一冊書いたことになります。私はよくこのようなことをします。

自著としては、これが八冊目になります。

今回のは、二冊目の『ニューエイジの到来』と三冊目に当たる『ハルマゲドンを超えて』に近いものとなりました。

すなわち、新時代のあり方と留意点を述べ、その方向性を示すことです。その際、今後どうなるか、またどうなると良いのかを各分野に於いてできるだけ具体的に述べ、これからはどのようなスタンスで生きるのが良いのかを明示しました。その意味で、展望が開けてくる生き方論となりました。

私は正直申しまして、暗くて恐い威嚇《いかく》するような類の否定的予言、予測あるいは突飛奇抜なそれらに疑問を感じています。

私が本書で出そうとしたのは、希望の指針です。また、〝どうなるか〟という予測や透視的診断よりも、〝どうなると良いのか〟、〝その為にはどうすると良いのか〟といった対策と、その際の心構え、知恵、それ以上に思いやり、配慮の大切さなどについてです。

問題解決には、まず事のみなし方、捉え方の再検討が必要です。その上で態度と行動、その基にある方向づけの修正です。当然、その中で自分の生きる目的と理想を見直すことが求められ、価値観、人生観、世界観が改められていくことになります。さらに自分の生まれてきた目的に目をとめ始めることで転生《てんしょう》目的、使命、社会に於ける役目、元にあるカルマ（業《ごう》）と課題、学びという所にまで行き着きます。それらは自分を深く知り本当に生かすこと、適性と職業、生き甲斐の意味内容、精神的成長の必要性などに関わり、その中で個と人類全体、個人と社会そして自然界との関連も見られていきます。人間関係、病気の問題、環境問題、社会問題などとも連鎖してくるはずです。

私はものの見方、考え方、捉え方、みなし方、対処法が大事だとみます。それと、思考法の訓練です。その理想的捉え方とあり方の道筋をＯＮＥと呼んでいます。

現行の学校や企業研修でも、殆どと言ってよい位、思考法そのものや人生学習法の基礎訓練をしておられないようです。物事に対し、どうみなし、どのように扱い、どのような行動や態度に出たり対応するのが良いのか。それこそが教育されねばならない原点のように思えます。

先程、否定的予言の横行していることに疑問を感じていることと、予測よりも対策論の方が大事なことを述べました。

これは、難題や厳しい現実に目をつむったり、軽く捉えることではありません。むしろそれらをさえ生かす方向で意欲的に取り組むことへのお勧めです。また、本書にはいわゆる予言も多少入っています。

その意味では四冊目の『アカシックリーディング１９９８―２０００』、六冊目の『アカシックメッセージ』と連結するものが本書にはあります。併読されますとより全体像がつかめるかと思います。

一九九二年春からリーディングを開始し、早や九年が経過しました。その間、為されたリーディングはすでに五、五〇〇件を超えています。

このうちの九〇％位は個人向けの相談・指導としてのパーソナル・リーディングになっており、これが私どもの本業であります。五冊目の『ライフ・リーディングでつかむ自分の生き方』は、その選集でした。

本書によってもパーソナルリーディングに関心を持たれた方は、さらに個人のリーディングをご活用になってみて下さい。また最近、生まれ変わり専門の個人向け前世リーディングも新たに開設し、大変好評をいただいております。

今のような難しい大事な時世に、このようなリーディングをご自身の為、また愛する大切なご家族、友人、さらに会社の為、どうぞご利用下さい。また情報誌や学びの教材もたくさんそろえてあります。

みなさまの真の成長、健康、幸せ、ご活躍を心よりお祈り申し上げる次第です。

最後になりましたが、本書の公刊をいつもながら快くお引き受け下さったたま出版の細畠保彦さん、企画並びに質問を集計しまとめて下さった浅野総合研究所の澤井典子さんと、テープ起こしをして下さった長田希久子さんに心より感謝しお礼を申し上げます。また多くの方々からリーディング用の質問をお寄せいただきました。そして、企画から交渉、その場でのリーディング・コンダクターを務めた妻の洋子にも深く感謝します。みなさん、本当にありがとうございました。

二〇〇一年三月十九日

浅野 信

著者略歴

浅野　信（あさの・まこと）
聖職名　ヨハネ・ペヌエル

1954 年、茨城県に生まれる。クリスチャン・ホームに生まれ育つ。
74 年から仏教の研究と実践、83 年からは日本神道の研究と実践にも励む。
81 年にエドガー・ケイシーを知り、92 年より自らリーディングを開始し、その数はすでに9年間で5,800件を超える。世界でもトップ·レベルの本格派リーダー(Reader)である。
リーディングの他に講演会、講話、講座などにも応じている。
総合アドヴァイザー。預言者。現在、浅野総合研究所（ARI《アーイ》）代表。

[著書]
『アカシックリーディング 1998-2000』、『ライフ・リーディングでつかむ自分の生き方』、『アカシックメッセージ』、『親鸞の心』（たま出版）など。

[連絡先]
浅野総合研究所
〒185-0021　東京都国分寺市南町 2-11-15　伸和ビル 3 階
TEL 042-328-5838　FAX 042-328-5840
E-mail：asanosou@aol.com
URL：http://members.aol.com/asanosou/arihptop.htm

リーディングが開く21世紀の扉

2001年 7 月 31 日　　初版第 1 刷発行

著　者　浅野　信
発行者　韮沢潤一郎
発行所　株式会社　たま出版
〒160-0022　東京都新宿区新宿1-10-1
電話　03-5369-3051（代表）
03-3814-2491（営業）
印刷所　東洋経済印刷株式会社

ISBN4-8127-0141-4 C0095